本书研究成果荣获2017年江苏省教学成果奖(基础教育类)二等奖

基于思想品德学习内容的校本化综合实践活动课程探索

万 众 著

中国矿业大学出版社

内容提要

本书为徐州市第二十二中学立足自身实际，从“学生多元化、教师专业化、学校跨越式”三大发展的需求出发，以初中思想品德课程内容与综合实践活动学习方法相结合而开发的，是“立德树人”和“中学生核心素养”培养在中学一线教育教学实践中落地的结晶。本书主要内容有：“基于思想品德学习内容的综合实践活动”课程的源起、课程的基本设想、课程育人环境的营造、课程的实施、课程的载体——“学习者联盟”建设、课程的评价、成效初显等。

本书可供相关专业的研究人员借鉴、参考，也可供广大教师和学生学习使用。

图书在版编目(CIP)数据

基于思想品德学习内容的校本化综合实践活动课程探索/万众著.—徐州：中国矿业大学出版社，2017.12

ISBN 978-7-5646-3860-3

Ⅰ.①基… Ⅱ.①万… Ⅲ.思想品德课—教学研究—初中 Ⅳ.①G633.202

中国版本图书馆CIP数据核字(2017)第323929号

书　　名　基于思想品德学习内容的校本化综合实践活动课程探索
著　　者　万　众
责任编辑　何晓明
出版发行　中国矿业大学出版社有限责任公司
（江苏省徐州市解放南路　邮编 221008）
营销热线　(0516)83885307　83884995
出版服务　(0516)83885767　83884920
网　　址　http://www.cumtp.com　**E-mail**:cumtpvip@cumtp.com
印　　刷　江苏凤凰数码印务有限公司
开　　本　787×1092　1/16　**印张** 11.75　**字数** 220 千字
版次印次　2017 年 12 月第 1 版　2017 年 12 月第 1 次印刷
定　　价　36.00 元
（图书出现印装质量问题，本社负责调换）

序

江苏省教育科学研究院　万　伟

初次认识万众校长是在2016年的江苏省初中综合实践活动课程青年教师基本功大赛上。他的出现让我很意外，因为从2011年第一届基本功大赛启动到2016年，从小学、初中到高中，我组织的大赛一共六次，从来没有碰到有学校的一把手校长来参赛的。更让我意外的是，在这样竞争激烈的角逐中，万校长居然凭借自己过硬的专业水平和综合素养脱颖而出，遥遥领先，获得了一等奖的好成绩。

在与他的交谈中，才得知他参加基本功大赛的初衷。2015年8月，根据组织安排，万众任徐州市第二十二中学的校长、党支部书记。作为一名年轻的新校长，徐州二十二中的整体现状对他来说是一种艰巨的挑战。生源大量外流、内部矛盾重重、教学质量下滑、社会声誉低下、教师老龄化严重等等，面对这样一所典型的薄弱学校，从何处着手，如何寻找提升学校整体办学质量的突破口？最后，万校长选择了综合实践活动课程。但是学校上上下下的老师对这一门课程都不熟悉，不知道如何开发这门课程，也不知道如何实施这门课程，畏难情绪可想而知。针对这种现状，万校长亲自挂帅，从自己的学习和探索开始，带领教师共同推进综合实践活动课程。这次基本功大赛对于万校长来说，既是对自己的一种历练，更是在全体二十二中教师面前显示自己破釜沉舟推进综合实践活动课程的决心，为老师们做出表率。

事实上，自新课程实施以来的十多年时间里，综合实践活动课程在实践中的推进并不顺利，特别是在初中、高中，很多学校因为怕影响考试，影响升学率，置国家课程政策于不顾，根本不开设这门课程。万校长却将综合实践活动课程的实施，作为扭转一所薄弱学校困境的重要抓手，他的眼光和魄力着实让我钦佩。因此，当他要求我为这本书稿写序的时候，我欣然应允。

这本书主要是学校主持的课题"基于思想品德学习内容的综合实践活动课程实践"的研究成果，书稿记录了学校围绕这一课题进行探索的实践路径与探索过程。课题研究有利于大家在实践中聚焦，共同研究和解决问题，但是这本书反映的成果我认为却不仅仅局限在这一课题的研究中，而是展示了学校围绕思想品德教育改革、综合实践活动课程推进以及课堂教学改革的总体探索与成果，而贯穿其中的一个重要线索就是学生学习方式的深层变革。

近年来，课堂教学改革的各种实践风起云涌，其中的佼佼者都有一个共同的特点，那就是基本上都是一些原本处于边缘化的、基础薄弱的、濒临倒闭的薄弱初中。比如山东的杜郎口中学、南京的东庐中学、泰州的洋思中学、南通的景安初中等。为什么会出现这样有意思的现象？我想可能与这样的学校不怕改革的风险，没有改革的退路，不计改革的成本与代价，不改革只有坐以待毙，只有改革才有可能摆脱困境有关吧。这些学校的教学改革提法不一，却都有共通之处，比如强调学生的预习自学，强调课堂上围绕问题的主动探究、合作交流、当场反馈等。这些要素有人把它概括为"先学后教"，而在我看来，这些课堂教学的改革要义与综合实践活动课程之间是有着内在的一致性的，那就是都强调唤醒学生的主体作用，强调学生的自主学习、探究式学习、合作式学习。

徐州二十二中以"学习者联盟"的建设为载体，深入推进课堂教学的改革。其中，让我印象最为深刻的是《"学习者联盟"学生培训手册》，手册中对课堂上学生的自主学习、合作学习、交流展示、倾听评价、检测反馈等学习环节都进行了非常细致的规范要求，比如在交流展示环节要求"学生要进入预定位置（展示者侧着身子，与展板和学生分别成30度的角，一定要让全班每一个学生都能看见，可以在台上，也可以在台下)，展示者尽量脱稿或半脱稿；做到姿势端正，态度自然，语言简练明确，特别是声音洪亮，善于运用肢体语言，很精神；板书要迅速、工整规范”。由此可见，徐州二十二中的课堂教学改革已经完全不是肤浅的纸上谈兵，而是通过各种细节要求真正渗透到了学生学习的每一个具体环节，这是一种真改革，而不是华而不实的、被很多华丽名词和概念包裹着的。

徐州二十二中的改革与其他学校的改革相比还有一个显著的特点，就是课程与教学改革的联动。学校开发了“课题研究”“项目学习”“社会服务与社会实践”和“广义综合实践活动”四个课程群，为丰富学生在校生活，增强学生生活体验，还开设了各类集体活动性课程，这些课程的开设为学生提供了更为广阔、更具选择性和个性化的发展机会。

本书的风格反映了学校务实改革的质朴、真实，没有过多理论的包装，也没有多少华丽的名词，有的是改革的行动、制度的制定与实施、实践中研讨的过程、一步一个脚印的探索，略显粗糙，却见实效。学校连续两年中考成绩大幅提升。2016年进步11位，进步幅度位列全市第二；2017年再进5位，进步幅度全市第一。这份答卷比起关于课程与教学改革的高谈阔论来说，还是非常具有说服力的。

徐州二十二中的改革也为我们树立了一个典范：综合实践活动课程的实施不仅不会拉低学校的考试和升学率，反而有助于学校考试升学率的提高。在这方面，无锡洛社初级中学是一个非常典型的例子，随着综合实践活动课程的深入开展，学校的中考升学率每年都在不断攀升；江苏省锡山高级中学也是如此，研究性学习搞得风生水起，学生的高考成绩也屡创佳绩。省外的天津中学曾经做过相对严谨的实证研究，对选修综合实践和没有选修综合实践的学生进行三年的跟踪对比，最后发现虽然高中第一次入学考试时这些学生的成绩没有显著差异，但是选修研究性学习的理科学生比没有选修的理科学生最后高考成绩要平均高出五六十分,选修研究性学习的文科生比没有选修的文科生最后高考成绩要平均高出一二十分。由此可见,综合实践活动课程,尤其是研究性学习方式对学生的考试成绩产生了非常明显的正相关影响。

综合实践活动课程在徐州二十二中已经不仅仅是一门课程,更多的是一种教学方式的渗透和教育文化的变革。改革才刚刚起步,还有很多值得探索和成长的空间,希望这所学校在万校长的带领下,通过真实深刻的课程与教学变革实现华丽的转身,也希望全省有更多的学校能够加入到推进、实施综合实践活动课程的队伍中来。

目　录

第一章 “基于思想品德学习内容的综合实践活动”课程的源起

2015 年 8 月，根据组织安排，笔者从一所市直属高中学校的教学校长转任徐州市第二十二中学的校长、党支部书记。这是一所市教育局直属的公办初中学校，但地处市区城乡接合部，多年来由于种种原因造成了生源大量外流、内部矛盾重重、教学质量下滑、社会声誉低下的状况，是一所典型的薄弱学校。

怀着强烈的责任感和使命感，笔者开始了在新岗位上的工作。每天萦绕在心头的都是如何带领学校这个团队通过努力奋斗和办学成绩的改变，为学校争得自己的荣誉；改变学生的命运，让二十二中的每一个孩子能够享受到我们力所能及的优质教育。

学校发展要做的工作千头万绪，从各项管理制度的制定与规范，到教学质量精细化执行的点点滴滴；从关系学生安全保障的每个细节，到德育活动开展的方方面面。作为一所长期以来的薄弱学校，我们没有名优大校历史发展的厚重与积淀，也缺乏教学质量成绩的支撑和家长社会的广泛认同。经过一段时间的观察与酝酿，笔者决定要抓住一个切实的“突破口”，作为促进学校办好负责任、上水平教育的抓手，彰显学校的办学特色。2015 年年底，徐州市启动“学校特色发展项目”，为我校抢抓机遇、实现跨越发展提供了一个良好的契机。学校在市局相关领导、专家的指导下，选择了“基于初中思想品德学习内容的综合实践活动课程建设”作为主题参加申报。2016 年年初，经过层层申报答辩筛选，项目正式获批立项。由此，我们开始了两年的课程建设实践。

第一节　基于问题：当前思想品德课教学与学习之“怪现状”

一、初中思想品德新课程标准的指导理念

我们实施这门课程的最初背景是：在新的课程标准思想指导下，初中思想品德课程教材内容经过近年来的修订改版，更进一步突出了帮助学生过积极健康生活、做负责任公民的课程核心；逐步扩展学生生活作为课程基础；坚持正确价值观的引导与学生独立思考、积极实践相统一作为基本原则的课程基本理念。

从课程性质来看，它是强调以初中学生生活为基础、以引导和促进初中学生思想品德发展为根本目的的综合性课程。本课程的特性主要有以下几个方面。

(1) 思想性。以社会主义核心价值体系为导向，深入贯彻落实科学发展观，根据学生身心发展特点，分阶段分层次，对初中学生进行爱祖国、爱人民、爱劳动、爱科学、爱社会主义教育，为青少年健康成长奠定基础。

(2) 人文性。尊重学生学习与发展规律，体现青少年文化特点，关怀学生精神成长需要，用初中生喜闻乐见的方式组织课程内容、实施教学，用优秀的人类文化和民族精神陶冶学生心灵，提升学生的人文素养和社会责任感。

(3) 实践性。从学生实际出发，并将初中学生逐步扩展的生活作为课程建设与实施的基础；注重与社会实践的联系，引导学生自主参与丰富多样的活动，在认识、体验与践行中促进正确思想观念和良好道德品质的形成与发展。

(4) 综合性。有机整合道德、心理健康、法律和国情等多方面的学习内容；与初中学生的家庭生活、学校生活和社会生活紧密联系；将情感态度价值观的培养、知识的学习、能力的提高与思想方法、思维方式的掌握融为一体。

新的课程标准从课程目标来看，更加注重在知识、能力基础之上的情感、态度体验和正确价值观的树立。从课程内容来看，更多地突出了学生怎样认识自我，怎样处理好与他人、与社会的关系。

二、现实与理想的差距

在新课程标准的指导下，初中思想品德课本来应该注重情境的创设、学生亲身经历的体验，然而，我们经过调研发现：在实际的初中思想品德课教学中，在“中考指挥棒”的引导下，许多思想品德学科教师还在以“分数”作为衡量学生该学科学习水平的唯一标准。在教学理念上，完全没有认识到学生的“思想品德”不是考试考出来的，学生思想素质的高低也绝不是通过试卷分数反映出来的。在教学方法上，还广泛地存在着以知识学习为本位、教师单向灌输、强调机械记忆、评价方式单一等现实问题。这严重背离了国家新一轮课程教学改革的新思想、新理念，也违背了初中生的身心发展特点、认知规律和成长需求。因此，我们进行“基于研究性学习方式的初中思品教学重构”的改革与尝试，旨在真正使学生通过潜移默化的道德实践行为达到升华思想、提高素养的目的，引导学生在综合、开放的时空当中，通过亲自的实践和亲身体验潜移默化地获取正确的价值判断和价值选择，树立正确“三观”的途径和渠道。既激发了学生强烈的学习动机，提高了学习效果，也有效促进了教师增强课程意识、提高课程设计和实施的能力，改善了教学方式。

第二节 基于需求：学生和学校发展的定位与思考

一、我们的基本校情——一所“区域边缘化、教师老龄化、学生平民化”的“三化”学校

徐州市第二十二中学为徐州市教育局直属的初中义务教育公办学校，但是学校地处徐州市城乡接合部，周边毗邻市区最大的城中村。学校北面是老陇海铁路，将施教区一分为二。生源主要来自施教区内的老小区和城中村。据统计，全校生源中外来务工子弟和随迁子女占学生总人数的58.7%,接受政府贫困生补助的学生占总人数的32.1%,单亲家庭学生占总人数的23.8%。有的班级单亲家庭子女比例甚至高达80%以上。

2011年,市编办核编时学校还有180个学生,按照1∶13.5的师生比,给学校核定编制17人。学校16年未新进一个大学生,教职工年龄结构严重老化,平均年龄近50岁。因为没有新鲜血液的补充,学校只能向上级主管部门求援,从师资相对富裕的学校借调教师使用。因此,师资队伍情况异常复杂,共有四种身份的教师构成:公办在编在岗教师、民办学校支教教师、公办兄弟学校支教教师和校聘教师。支教教师和校聘教师人数占全校教师比例高达42%。

2013年以前,因为学校区位、内部管理、外部机遇等方方面面的原因,学校质量逐年下滑,始终在市区50所学校的倒数二、三名徘徊。由此带来的是生源数量的急剧减少,学校濒临被撤并的危险局面。2013年8月,根据徐州市教育局《关于"开展名校托管试点工作,推进市区初中教育优质均衡发展"的方案》的精神,学校被徐州市第一中学托管,又名徐州一中实验学校。

托管之前,被公认为薄弱学校的二十二中面临着严重的生存危机:连续几年生源减少、学生成绩不断后退、教学设施落后、管理模式传统,缺少对教师事业追求的激励机制,社会认可度逐年下滑。托管之后,市教育局给予了政策和财力上的大力支持,徐州一中等兄弟学校在人员上给予了鼎力相助。特别是徐州一中的名校品牌所带来的"光环效应",使得学校的社会认可度有所提高,施教区内生源开始回流。三年来,在全局支持、名校带动和全体师生的共同努力下,学校发生了显著变化:新初一生源持续增长,连续两年招生200余人,全校学生人数接近600人;生源数量增长的同时,质量也有所改善和提高;教职工积极性显著提高。学校在低谷徘徊时,生源数量少、学习成绩不理想,导致教师教学效果差,认为"教与不教一个样",积极性不高。现在,教职工明显感受到自己的辛苦付出有了回报,教风学风明显好转。教研氛围更加浓厚,敬业爱生蔚然成风;学校中考成绩连续三年大幅提升,2015 年中考位次提高 5 位,2016 年中考位次提高 11 位,2017 年中考位次再进步 5 位,三年持续提高了共 21 位。由原先末位徘徊变为中等偏上,进入市区公办学校第一方阵;教师专业能力提升迅速,近两年学校有 15 人次在省、市基本功及优质课评比中获一、二等奖。教科研课题从无到有,两年来共立项省、市级课题 8 个,结题 2 个。电教实验楼的抗震加固工程、教学楼的外立面改造工程已经完成。2017 年学校老校区改造基本完成,一座新建四层综合楼将拔地而起,建筑面积近 4 000 平方米,设计功能教室近 20 间。

根据学校目前的情况,我们在深入调研的基础上对学校发展做出了 SWAT 分析,见下表。

内部因素 / 外部因素	优势 S	劣势 W
	学校领导高度重视; 有“立己达人”的办学理念; 教师团结敬业; 教师年龄大,高级教师比例大,教学经验丰富; 有教学方式改革的实践; 学校教育教学管理有序	师资力量不足; 教师在教学上“单兵作战”“学科本位”,缺乏融合意识,教学方式有待改进; 教师缺乏课程意识,仅关注学科知识的浅表层面,关注学生的学习方式和思维能力尚有欠缺; 学校管理与评价尚有待进一步完善
机遇 O	SO	WO
徐州市成为教育部课程改革实验区; 学校是江苏师大“学讲计划”实验学校; 学校是市教研室综合实践学科基地; 学校是市教育质量监测中心实验点; 有市局托管政策及徐州一中的大力支持; 申报成功将取得资金支持; 学生家庭背景总体较困难,学生生源素质较弱,更能显现学校课程改革的作用	充分抓住机遇,勇于创新,将教学方式改革与课程改革相结合,建设“学科融合的综合实践活动”课程	鼓励教师进一步发动学生、培养学生以实现“自主、合作、探究”的学习; 减轻教师不必要的负担,打造一支研究型的教师团队

续表

威胁 T	ST	WT
活动过多可能降低学习成绩； 学生家庭背景总体较困难，学生生源素质较弱，进步幅度会慢些	注意质量监控，随时调整课改行动	改变以考试成绩为主的学生评价和教师评价； 注重多元评价、过程性评价，激励学生成长和教师发展

由此得出以下结论：

(1) 学校占据“天时、地利、人和”，发展面临质的飞跃时刻，可谓“良机莫失，失不再来”。

(2) 学校要根据师资力量较弱的实际情况，进一步加大课改力度，建设“学科融合的综合实践活动”课程，培养学生强大的自主学习、自我管理能力和合作意识。

二、我们的教育哲学——“立己达人、知行合一”

学校结合校史、校情，依据学生发展的需求，凝练出自己的教育哲学，逐渐梳理并清晰了“立己达人”的教育理念。“立己达人”，语出自《论语·雍也》的“夫仁者，己欲立而立人，己欲达而达人”，它诠释了千百年来中国人孜孜以求的做人标准、人生境界，也代表了一种庄严的社会责任；“知行合一”乃明代思想家、政治家、军事家王守仁提出的哲学观点，它阐释了王守仁关于“认知”与“实践”乃实为一体的看法。姑且不论这一观点从马克思主义辩证唯物主义和历史唯物主义的角度理解是否完全科学，我们取其突出强调“行”的一面。这也恰恰是我们基于当下教育中存在着的重知识而轻实践、重方法而轻能力、重分数而轻品格的问题弊端的一种反思。同时也是对学习的目的与价值取向乃“学以致用”的一种强烈主张。因此，学校取“立达”之魂，立“知行”之意，发教育之愿。

对学校所在地域优秀教育文化的继承：学校与近代徐州名校“私立立达女子中学”渊源颇深。“立达女中”由民国教育家张静秋女士（著名历史学家顾颉刚先生妻）在 20 世纪 30 年代日军加剧侵华之时创建。学校之命名，即取“己欲立而立人，己欲达而达人”之意;学校之声望,尤以实践“教育救国”而名重一时。至今,“立达路”“立达小区”等皆因“立达女中”而得名。学校与立达女中旧址邻近,深受“立达文化”浸染和“立达职责”的感召。

对基于调研的学校办学定位的把握:我校处于市区边缘城乡接合部,学生中58.7%为外来务工人员子弟和随迁子女,23.8%生活在单亲家庭,超过30%接受国家贫困补助。为这些处于社会底层和“草根”的孩子提供更加优质的教育资源和条件,忠实执行与落实国家“义务教育阶段学校主要功能与作用紧密围绕‘公平’与‘质量’”的教育方针,立己达人,兼济天下,是学校义不容辞的责任。

对实现学校办学愿景的路径探索:创造性地落实课程改革的系列要求,把握好课程计划的要求与课程校本化实施的关系,是每一所学校必须面对的现实任务。事实上,我们的教育哲学与教学现实之间存在着巨大的落差。学校希望通过落地的“立己达人、知行合一”教育理念和课程项目,来切实关注学生的全面发展和素养养成。

结合经济社会的发展和时代的进步,我们对“立己达人、知行合一”的传统文化思想赋予了新的内涵:“立己”即自我教育,包含着“立品”(自信、自立、自尊、自强)和“立学”(自主学习)两大方面;“达人”则要求学生要在自己“阳光豁达、出类拔萃”的前提下,更要“善于合作、乐于助人”,反映在学习行为上为“合作互助学习”;“能知”则重在学生认知方法的培养和认知能力的提高;“乐行”则是通过学生的亲自动手参与实践达到创新精神的树立和实践能力的提升。“立己达人、知行合一”的教育体系,是学校落实“立德树人”、突出“实践第一”的具体体现。

在此基础上,学校秉持“平民本色、精英气质、人文情怀、全面发展”的育人目标,提出了“办让学生有自信,让教师有尊严,师生幸福共发展的学校”的办学目标。以“立己达人、知行合一”为校训,贯彻“以人为本、公平公正、规范精细、务实创新”的管理思想,专注教育教学质量提升,注重开展特色活动,大力实施素质教育,积极打造师资队伍,不断优化育人环境,努力做“有温度、有高度、上水平、负责任”的教育，办好“老百姓家门口”的优质学校。

三、学生发展的需求——探寻学生核心素养在一所公办薄弱初中的落地

2016年9月，《中国学生发展核心素养》发布。“核心素养”是学生在接受相应学段的教育过程中，逐步形成的适应个人终生发展和社会发展需要的必备品格与关键能力。它是关于学生知识、技能、情感、态度、价值观等多方面要求的结合体；它指向过程，关注学生在其培养过程中的体悟，而非结果导向。我们认真对照“核心素养”涵盖的三个方面、六大素养、十八个要点，以素养培养为目标导向。从培养的过程看，则侧重学生的自主探究和自我体验，更多地依靠学生自身在实践中的摸索、积累和体悟，是个体认知与元认知建构的过程，是在外界引导下的自我发展、自我超越、自我升华的过程，这一要求恰恰与综合实践活动课程的理念、性质及实施、评价等不谋而合。因此，我们选择以“综合实践活动”作为提升学生核心素养、满足学生全面发展的主要课程实施路径。

正因为我校生源情况的特殊性，我们必须在充分了解学情的基础上给予学生发展和培养一个明确、适切的目标定位。经过问卷调查、座谈、实地走访等方式的深入调研，我们明确把“平民本色、精英气质、人文情怀、全面发展”作为学校的育人目标。学校学生大多为外来务工子弟和随迁子女，学生家庭经济状况普遍一般，可谓是名副其实的“平民教育”。因而，培养目标和定位不可好高骛远。但是，平民的孩子也应该享受到名校、大校平等的教育资源和发展机会，这也成为我校广大教职员工的共识与情怀所在。

第三节　基于课程：综合实践活动的课程特性

《江苏省义务教育综合实践活动课程纲要》指出：综合实践活动基于学生的直接经验，密切联系学生自身生活和社会生活，体现科技发展与社会进步的客观要求，反映学生个性发展的内在需要，关注学生的创新精神和实践能力，为每一个学生的充分发展创造空间。综合实践活动的设计与实施，有利于学生克服书本知识和课堂教学的时空局限，引导学生在社会生活中学习，在实践中发展，为学生探究、理解各种新的社会问题提供特殊的机会。

一、综合实践活动的课程理念与性质

与其他课程相比，综合实践活动课程具有独特的功能和价值，其性质如下：

1. 综合性

综合性是综合实践活动课程的基本特性。综合实践活动课程要求超越学科中心，培养学生综合运用各学科知识的能力；要求学生面向完整的生活世界，通过对知识的综合运用，不断探究人与自然、人与他人和社会、人与自我的关系。

2. 实践性

综合实践活动课程是与学科课程相对应的活动课程、经验课程，强调以学生的直接经验为中心，以活动为主要形式，强调学生亲身参与并经历各项社会实践活动。在“调查”“考察”“实验”“探究”“设计”“操作”“制作”“服务”等一系列活动中发现和解决问题，积累和丰富经验，体验和感受生活，发展实践能力和创新能力。

3. 自主性

综合实践活动尊重学生的兴趣、爱好，注重发挥学生的自主性，学生是综合实践活动的主体。在教师的有效指导下，学生自主选择学习活动的目标、内容、方式，开展自主学习、自主实践、自主反思。

4. 探究性

综合实践活动要求学生关注日常生活及周围环境中的问题，激发探究的热情。学生在尝试探究活动的过程中，能经历科学探究的一般过程，积累科学探究的经验，养成主动探究的习惯，发展探究问题的能力，逐步形成从事探究活动所必备的能力、精神和品格。

5. 开放性

综合实践活动超越了封闭的学科知识体系和单一课堂教学的时空限制,其课程目标和内容具有开放性。综合实践活动强调学生走出教室、走出学校、走向社会,在开放的社会生活中进行学习,其学习活动的方式与过程、评价与结果均具有开放性。

6. 生成性

综合实践活动是由师生双方在活动展开过程中逐步建构生成的课程,必须注重活动过程中的自主建构和动态生成,处理好课程的预设与生成之间的关系。一般情况下,学生的研究课题或活动项目产生于自己对生活中现象的观察和问题的分析。活动的展开将使学生的认识和体验不断深化,创造性的思想火花不断迸发,活动的目标和主题不断生成。

从课程理念看,综合实践活动突出学生的主体地位,引导学生主动发展。综合实践活动的课程性质要求突出学生的主体地位和主体作用,综合实践活动课程的实施离不开学生主动积极的实践和各种操作活动。突出学生主体,就是把学生作为课程的主体,一切从学生的实际出发,尊重学生的兴趣、爱好和需要,发挥学生在活动过程中的主动性和积极性;面向学生完整的生活世界,为学生提供开放的个性发展空间。综合实践活动的开发与实施要克服当前基础教育课程脱离学生生活的倾向,面向学生完整的生活世界,引领学生走向现实的社会生活,促进学生与生活的联系,增长学生对自然、对社会、对自我的实际体验,发展综合能力,提高综合素质,在开放的环境中健康活泼地发展;注重学生的亲身体验和积极实践,发展创新精神和实践能力。注重实践是综合实践活动课程的本质规定。综合实践活动的开发与实施强调学生乐于探究、勤于动手和勇于实践,注重学生在实践性学习活动过程中的感受和体验,要求学生超越单一的接受学习,亲身经历实践过程,体验实践活动,实现学习方式的多元化,发展学生的创新精神和实践能力。

二、综合实践活动的课程内容与价值

从课程内容看，综合实践活动包含研究性学习、社区服务与社会实践、劳动与技术教育和信息技术教育。这四方面是综合实践活动的四大指定领域。除此之外，班级活动、少先队活动、节日活动以及学校的某些传统活动等是综合实践活动课程的非指定领域，可以与指定领域结合开展。

因为劳动与技术教育、信息技术教育已经单独列入国家课程计划，故而当下的综合实践活动主要以研究性学习和社区服务与社会实践为主。研究性学习是学生在教师指导下，从自然、社会和学生自身生活中选择和确定研究专题，积极主动地解决问题、获取知识及应用知识的学习活动。研究性学习强调学生通过实践，增强探究和创新意识，学习科学研究的方法，发展综合运用知识的能力。

研究性学习的内容可以从学生的家庭生活、学校生活和社会生活中选取，也可以从自然或自我方面选取，可涉及的领域非常广阔。

学生自身生活、成长中的一些问题和学生关心的自然、社会问题以及时事新闻中发生的一些重要事件都是研究性学习的重要内容，教师应积极引导学生关注、生成可供研究的主题。

学校自身的传统优势和校内外的教育资源也是研究性学习的内容之一，各校应积极打造、开发具有学校特色的研究性学习主题。

让学生了解一些当代科技发展的最新成就，启迪思维，激发探究的热情。中小学可以把学生的科技小发明、科技小制作等纳入研究性学习的范围。

研究性学习和各学科不是割裂的关系，各校可加强与学科学习的联系，在学科知识的拓展和应用中生成研究性学习的内容，引导学生有效地应用各科知识。

而社区服务与社会实践是指学生在教师的指导下，超越单一的教室空间，参与社区和社会实践活动，以获得直接经验、发展实践能力、培养社会服务意识、增强公民责任感为主旨的学习领域。设置社区服务和社会实践是加强未成年人思想道德教育的重要途径，是强化课堂、学校与生活、社会联系的重要纽带，是增强学生对他人、对集体、对社区乃至整个社会的使命感、责任感和奉献精神的重要举措。

第四节　基于政策：贯彻落实“立德树人”的国家意志

2013年12月，中共中央办公厅印发的《关于培育和践行社会主义核心价值观的意见》明确指出：“坚持育人为本、德育为先，围绕立德树人的根本任务”，“把培育和践行社会主义核心价值观融入国民教育全过程”。在理论与实践的结合上，厘清“立德树人”与培育和践行社会主义核心价值观之间的内在关联性，加强青少年社会主义核心价值观教育，对于全面贯彻党的教育方针，培养德智体美全面发展的社会主义建设者和接班人，具有重要的理论和实践意义。

2014年3月，《教育部关于全面深化课程改革，落实立德树人根本任务的意见》（教基二〔2014〕4号）（以下简称《意见》）进一步细化和落实了在教育领域培养和践行社会主义核心价值观的具体措施，为各级教育行政主管部门和基层学校具体开发和实施相关课程，落实立德树人的教育目标提供了指导。《意见》指出：“立德树人是发展中国特色社会主义教育事业的核心所在，是培养德智体美全面发展的社会主义建设者和接班人的本质要求。课程是教育思想、教育目标和教育内容的主要载体，集中体现国家意志和社会主义核心价值观，是学校教育教学活动的基本依据，直接影响人才培养质量。全面深化课程改革，整体构建符合教育规律、体现时代特征、具有中国特色的人才培养体系，建立健全综合协调、充满活力的育人体制机制，落实立德树人根本任务，是贯彻党的十八大和十八届三中全会精神的重大举措，是提高国民素质、建设人力资源强国的战略行动，是适应教育内涵发展、基本实现教育现代化的必然要求，对于全面提高育人水平，让每个学生都能成为有用之才具有重要意义。”

课程是学校教育和学生发展的重要途径，其在完成立德树人根本任务工作方面发挥着不可替代的作用。新课程改革应注重“德育为先、能力为重、全面发展”的教育理念得到普遍认同。符合素质教育和时代要求的课程教材体系不断完善；人才培养模式改革不断深化，自主、合作、探究的学习方式与启发、讨论、参与的教学方式不断推广；育人的针对性、实效性进一步增强；分类考试、综合评价、多元录取的考试招生制度改革积极推进，以学生全面发展为根本、科学多元的评价制度改革取得重要进展。课程改革为进一步推动立德树人工作奠定了基础。

《意见》还尖锐地指出：“高校和中小学课程改革从总体上看，整体规划、协同推进不够，与立德树人的要求还存在一定差距。主要表现在：重智轻德，单纯追求分数和升学率，学生的社会责任感、创新精神和实践能力较为薄弱；高校、中小学课程目标有机衔接不够，部分学科内容交叉重复，课程教材的系统性、适宜性不强；与课程改革相适应的考试招生、评价制度不配套，制约着教学改革的全面推进；教师育人意识和能力有待加强，课程资源开发利用不足，支撑保障课程改革的机制不健全。这些困难和问题直接影响着立德树人的效果，必须引起高度重视，全面深化课程改革，切实加以解决。”《意见》还进一步提出了新课程改革的基本原则是：“坚持系统设计，整体规划育人各个环节的改革，整合利用各种资源，统筹协调各方力量，实现全科育人、全程育人、全员育人。坚持重点突破，聚焦课程改革的关键领域和主要环节，针对制约课程改革的体制机制障碍，集中攻关，重点推进。坚持继承创新，注重课程改革的连续性和可持续性，适应新时期教育发展的新要求，积极开拓，大胆试验。”

对于新课程改革的主要任务，《意见》提出了“五个统筹”，与本书研究相关的四个统筹即统筹各学科，特别是德育、语文、历史、体育、艺术等学科。充分发挥人文学科的独特育人优势，进一步提升数学、科学、技术等课程的育人价值。同时加强学科间的相互配合，发挥综合育人功能，不断提高学生综合运用知识解决实际问题的能力。统筹课标、教材、教学、评价、考试等环节。全面发挥课程标准的统领作用，协同推进教材编写、教学实施、评价方式、考试命题等各环节的改革，使其有效配合，相互促进。统筹一线教师、管理干部、教研人员、专家学者、社会人士等力量。充分发挥各自优势，明确各支力量在教书育人、服务保障、教学指导、研究引领、参与监督等方面的作用。围绕育人目标，协调各支力量，形成育人合力。统筹课堂、校园、社团、家庭、社会等阵地。发挥学校的主渠道作用，加强课堂教学、校园文化建设和社团组织活动的密切联系，促进家校合作，广泛利用社会资源，科学设计和安排课内外、校内外活动，营造协调一致的良好育人环境。

所以，我们把“基于思想品德学习内容的综合实践活动课程实践”作为学校贯彻落实教育的“国家意志”，树立新时期初中生培养和践行社会主义核心价值观，指向初中生核心素养的培养，实现“立德树人”的根本育人目标的重要切入点和战略举措。

第二章　课程的基本设想

第一节　“基于初中思想品德学习内容的综合实践活动课程建设实践”的内涵

一、开展本课程的价值

开展本课程项目建设是全面贯彻党的教育方针、践行社会主义核心价值观、落实立德树人根本任务的要求；是以党的十八大和十八届六中全会精神为指导，根据《国家中长期教育改革和发展规划纲要(2010—2020年)》的部署，结合义务教育公办学校的功能与作用，紧密围绕“公平”与“质量”两大主题，向民生“最低处”发力，促进教育公平的有益实践；同时是为了满足初中生核心素养的培养，在义务教育阶段公办学校特别是“老百姓家门口”的薄弱学校的探索与实践；也是为了满足学校转型，彰显办学特色，寻找“弯道超车”的突破口与出路；是促进学校课程建设，促使“教”与“学”的方式根本转变的重要途径；更是为了满足教师专业发展需求，促进教师课程与教学意识的转变，提高课程开发与实施能力，提升师资队伍的专业素养与水平的重要举措。

二、本课程的内涵

我们定义的“基于初中思想品德学习内容的综合实践活动课程建设实践”，是指我校以提升学生核心素养为直接目标，以学生发展需求为导向；依托初中思想品德教学内容与理论体系，根据学校办学理念、特色与教师特长，结合本校资源和本地的地域环境、社区资源，自主开发与使用综合实践活动课程资源；旨在探索一条学生核心素养培养在中学一线实践中落地的有效途径。

第二节 “基于初中思想品德学习内容的综合实践活动课程建设实践”的理论依据

一、加德纳的多元智能理论

多元智能理论是由美国哈佛大学教育研究院的心理发展学家霍华德·加德纳在1983年提出的。加德纳由研究脑部受创伤的病人发觉到他们在学习能力上的差异而提出本论。传统上,学校一直只强调学生在逻辑,主要是读和写两方面的发展,但这并不是人类智能的全部,不同的人会有不同的智能组合。根据加德纳的理论,学校在发展学生各方面智能的同时,必须留意,每一个学生只会在某一两方面的智能特别突出,当学生未能在其他方面追上进度时,不要让学生因此而受到责罚。

加德纳认为,过去对智力的定义过于狭窄,未能正确反映一个人的真实能力。他认为,人的智力应该是一个量度,一个解题能力指标。他指出,人类的智能至少可以分成语言、数理逻辑、空间、身体-运动、音乐、人际、内省、自然探索、存在等九个方面的智能。

在人才观上,多元智能理论认为,几乎每个人都是聪明的,但聪明的范畴和性质呈现出差异。学生的差异性不应该成为教育上的负担,相反,这种差异是一种宝贵的资源。我们要改变以往的学生观,用赏识和发现的目光去看待学生,改变以往用一把尺子衡量学生的标准,要重新认识到每位学生都是一个天才,只要我们正确地引导和挖掘他们,每个学生都能成才。

在教学方法上,多元智能理论强调应该根据每个学生的智能优势和智能弱势选择最适合学生个体的方法。按照孔子的观点就是要考虑个体差异,因材施教。“因材施教”是孔子创立并在个别教学环境下成功实施了的,我们要继承这一珍贵的教育遗产,在运用多元智能理论的前提下,更好地实施因材施教。我们要关注学生的差异，善待学生的差异。在教学中，根据学生的差异，运用多样化的教学模式，促进学生潜能的开发，最终促进每个学生都成为优秀的自己。

在教育目标上，多元智能理论并不主张将所有人都培养成全才，而是认为应该根据学生的不同情况来确定每个学生最适合的发展道路。通俗来讲，多元智能理论不是让学生千军万马过独木桥，也不是简单地要求给学生多架几座桥，而是主张给每条学生都架一座桥，让“各得其所”成为现实。这也就是我校所提倡的“让每个学生都来有所学，学有所得，得有所长”。教育的价值除了为社会培养有用之才，更在于发展和解放人本。

二、杜威的教育思想

1. 教育即生活

杜威认为，教育就是儿童现在生活的过程，而不是将来生活的预备。他说：“生活就是发展，而不断发展，不断生长，就是生活。”因此，最好的教育就是“从生活中学习”和“从经验中学习”。教育就是要给儿童提供保证生长或充分生活的条件。

由于生活就是生长，儿童的发展就是原始的本能生长的过程，因此，杜威又强调说：“生长是生活的特征，所以教育就是生长。”在他看来，教育不是把外面的东西强迫儿童去吸收，而是要使人类与生俱来的能力得以生长。

由此，杜威认为，教育过程在它的自身以外是无目的的，教育的目的就在教育的过程之中。其实，他反对的是把从外面强加的目的作为儿童生长的正式目标。

2. 学校即社会

杜威认为，既然教育是一种社会生活过程，那么学校就是社会生活的一种形式。他强调说，学校应该成为一个小型的社会，一个雏形的社会。在学校里，应该把现实的社会生活简化到一个雏形的状态，应该呈现儿童现在的社会生活。就“学校即社会”的具体要求来说，杜威提出：一是学校本身必须是一种社会生活，具有社会生活的全部含义；二是校内学习应该与校外学习连接起来，两者之间应有自由的相互影响。

但是，“学校即社会”并不意味着社会生活在学校里简单地重现。杜威强调，学校作为一种特殊的环境，应该具有三个比较重要的功能：简单和整理所要发展的倾向的各种因素；把现存的社会风俗纯化和理想化；创造一个比青少年任其自然时可能接触的更广阔、更美好的平衡的环境。

3. 从做中学

在批判传统学校教育的基础上，杜威提出了“从做中学”这个基本原则。由于人们最初的知识和最牢固地保持的知识，是关于怎样做的知识，因此，教学过程应该就是“做”的过程。在他看来，如果儿童没有“做”的机会，那必然会阻碍儿童的自然发展。儿童生来就有一种要做事和要工作的愿望，对活动具有强烈的兴趣，对此要给予特别的重视。

杜威认为，“从做中学”也就是“从活动中学”，从经验中学习它，使得学校里知识的获得与生活过程中的活动联系起来。如果儿童能从那些真正有教育意义和有兴趣的活动中进行学习，那就有助于儿童的生长和发展。在杜威看来，这也许标志着对于儿童一生有益的一个转折点。但是，儿童所“做”的或参加的工作活动并不同于职业教育。杜威指出，贯彻“从做中学”的原则，会使学校所施加于它的成员的影响更加生动、更加持久，并含有更多的文化意义。

三、陶行知的教育思想

（一）生活教育论

1. 生活即教育

“生活即教育”是陶行知生活教育理论的核心观点，有三层含义：① 教育与人类生活相伴而生。陶行知认为，自从有了人类社会，就有了人类的生活，也就有了人类的教育。教育随着人类生活的变化而变化。② 生活是不断前进的，教育也要不断进步。他认为，生活教育是生活所原有，生活所自营，生活所必需的教育，生活与教育密不可分；过什么样的生活就受什么样的教育：过康健的生活便受康健的教育，过科学的生活便受科学的教育，过劳动的生活便受劳动的教育，过艺术的生活便受艺术的教育，过社会革命生活便受社会革命的教育；教育不通过生活是没有用的，需要生活的教育，用生活来教育，为生活而教育，为生活需要而办教育，教育与生活是分不开的，教育具有终身性。③ 教育与个人生活共始终。也就是说，人要活到老学到老。

需要注意的是，陶行知所说的“教育”，不仅指学校教育，而是包括学校教育在内的整个社会生活的广义教育。生活即教育，不是说生活等同于教育，而是说教育与生活经历同一过程，教育离不开生活，生活离不开教育。

2. 社会即学校

社会即学校是陶行知生活教育理论的另一个重要命题，伴随“生活即教育”而来。陶行知“社会即学校”的基本观点是：学校要与社会统一，把社会办成一个大学校，形成家庭教育、社会教育在内的大教育体系。这种学校以青天为顶、大地为底，人人都是先生、都是学生、都是同学。他认为，整个的生活，整个的教育，都统一在整个社会之中；到处是生活，即到处是教育；整个的社会是生活的场所，亦即教育之场所。因此，我们可以说“社会即学校”。

在这里，陶行知把杜威的“学校即社会”引申，提出“社会即学校”。因为在“学校即社会”的主张下，学生学习的东西太少，而且与社会生活是脱离的，就好像把一只活泼的小鸟从天空抓来关在笼子一样，把社会生活搬进学校，学校的空间并没有扩大。“社会即学校”就大大地增加了教育的素材、教育的方法、教育的工具、教育的环境和场所，学生可以获得更多有用的知识。因为凡是生活的场所，都是教育的场所，跨出校门，走向社会，把工厂、农村、店铺都视为学校,成为课堂。陶行知提出“社会即学校”的目的是扩大教育的范围和内容,使广大劳动群众的子女能够接受适合他们生活的教育。

陶行知主张“社会即学校”,另一个目的是想改变学校教育只为有权有势阶级服务的现状,以此推动大众的普及教育。

3. 教学做合一

“教学做合一”是陶行知生活教育理论的教学论。用陶行知的话来说,“教学做合一”是生活现象之说明,即教育现象之说明。在生活里,对事说是做,对己之长进说是学,对人之影响说是教。“教学做”只是一种生活之三个方面,而不是三个各不相谋的过程,教的方法根据学的方法,学的方法根据做的方法。事情怎样做便怎样学,怎样学便怎样教。教而不做,不能算是教;学而不做,不能算是学。教与学都以做为中心。在做上教的是先生,在做上学的是学生。

陶行知的“教学做合一”有如下含义:教学做三者不可分割,做是教与学的中心。教学做三者是密切相关的,但都统一在做上。做是教的中心,也是学的中心,教者学者都要在做的实践中发挥其主观能动性。他以种田为例,种田要在田里做,便在田里学,在田里教。教师拿做来教才是真教,学生拿做来学才是实学。

“教学做合一”的主张,强调了实践是获取知识的途径,有助于培养年轻一代的动手操作能力。但是,我们也必须认识到,陶行知过于强调生活教育的价值,把生活教育看成改造中国教育、中国社会的唯一出路。他把“生活”和“教育”混为一体,从而降低了学校教育的特殊作用。

陶行知生活教育理论与我们正在进行的新课程改革的基本理念十分吻合,对于我们今天的新课程改革具有借鉴意义。

(二)创造教育的方法——“六大解放”

在创立生活教育理论过程中,陶行知又提出了“创造教育”的思想。他的“六大解放”观点对我们培养儿童的创造力有重要的借鉴意义。

1. 解放儿童的双眼

解放儿童的眼睛，就是要摘掉儿童眼睛上的“有色眼镜”，培养儿童对自然和社会进行观察和分析的能力，培养他们发现和解决问题的能力，使儿童的性情得到陶冶，意志得到锻炼。

2. 解放儿童的大脑

解放儿童的大脑就是把儿童的头脑从固有的迷信、成见、曲解、幻想中解放出来，让儿童用自己的大脑去思考问题，分析问题。

3. 解放儿童的双手

解放儿童的双手，就是给孩子以动手的机会，让儿童自己动手操作，使他们在手脑并用中发展创造力。为此，必须打破封建教育不让儿童动手、摧残儿童创造力的旧传统。

4. 解放儿童的嘴

解放儿童的嘴，是要给儿童言论自由，要让他们自由发表自己的看法，允许他们对事情有疑问。儿童只有有了问的自由，才能充分发挥其创造力。

5. 解放儿童的空间

解放儿童的空间，就是给儿童提供广阔的创造舞台，为他们进行创造活动打下基础。为此，必须反对鸟笼式的学校，反对导致儿童营养缺乏的教科书，要让小孩子去接触大自然中的花草、树木、青山、绿水、日月、星辰，以及大社会中之士、农、工、商三教九流，自由地对宇宙发问，与万物为友，并且向古今中外三百六十行学习。只有解放了儿童的空间，才能搜集丰富的资料，扩大认识的眼界，以发挥其内在的创造力。

6. 解放儿童的时间

一般的学校把儿童的时间排得满满的，各种考试使得儿童没有时间去接触自然和社会，结果就使得儿童失去学习人生的机会，形成无意创造的倾向，到成人时，即使有时间，也不知道怎样去发挥其创造力。因此，创造的儿童教育首先要为儿童争取时间的解放。时间的解放可以使儿童有时间从容地消化、思考所学知识，去接受自然和社会的宝贵知识，积极去创造。

四、新认知发展阶段论

自瑞士教育心理学家让·皮亚杰提出“儿童认知发展阶段论”以来，该理论对中小学教育产生了深远的影响。但伴随现代心理学的发展，不断有国内外学者提出异于其理论的新认知发展阶段论。

日本学者安彦教授根据个性生理心理发展的特点，提出了当代儿童个体新的发展阶段论，并提出了根据儿童心理发展的规律实施不同的教育课程的观点。他对个体生理心理发展阶段按照前期和后期进行了如下的划分。

儿童个体发展的早期，大体可分为如下三个基本阶段。

第一阶段是感觉运动时期，教育课程应该以游戏、生活活动为主。脑生理学研究结果表明，从 0 岁到 3 岁左右，是儿童生理心理发展的第一阶段。这一阶段是脑干、脊髓系、大脑边缘系、新皮质系中的感觉区、运动区、视觉区急速发展的时期。这个时期是作为动物最低程度的机能发展的时期，是感觉的练习和运动、动作技能的习熟以及眼和手的协调等的习得阶段。在这一阶段，儿童个体与动物一样必须习得生存的本领。为了达到这一目的，儿童需要反复地运动和活动，以习得身体的技能和模仿一定的行为，教育需要通过游戏和生活实践来适应儿童生理和心理发展的需要。

第二阶段是外部言语运动时期，教育课程以言语的认知活动为主。从 4 岁到 7 岁左右，主要是以新皮质系的言语区的发展为中心。在这一阶段，儿童个体根据言语的习得而展开认识、记忆、理解等的认知性活动。由于是以言语活动为中心的，因而在教育课程的设置中，应该以听、说、读、写、计算等的知识和技能的习得活动为主，儿童通过言语交流活动加快与他人的认识，不断扩大对外界和对人的了解。

第三阶段是内部言语运动时期，教育课程主要以逻辑性的认知活动为主。从 9 岁到 11 岁，是新皮质中的前头联合区主要发展的阶段。这一阶段是以思考、创造、意志、情操等为主的活动阶段。言语通过逻辑性的思考实现内部言语化过程，并有意识地体现独创性和个性，结合意志和情操自觉地追求真、善、美等价值。

在这三个不同的发展阶段中，每一发展阶段是相互联系和影响的，如果前一阶段发展不充分，必将影响以后的发展。思考是以认知技能和感觉体验作为基础和前提的，因此，教育需要重视感觉体验在思考中的修正作用，强化感觉体验对于法则性概念的形成和理解的功能。而且，个体有必要掌握和运用实验、观察、调查的方法，以提高理性的认识。

学生个体发展阶段的后期，即进入青春期的 11 岁至 20 岁左右，是面向自我发展的阶段，个体开始考虑自己今后发展的前途，即关心自己的能力、适应性和个性发展的问题。这一时期的发展可以分为如下两个基本阶段：前半个时期是从 11 岁到 15 岁左右，是个体自我探索的时期，它不仅是自己特性、适应性和个性探索的时期，而且也是进入志向、前途、专业探索的时期；后半个时期从 16 岁到 20 岁左右，是自我发展的时期，在这一阶段，个体以探索经验为基础，以不断发展和深化自我个性的经验为目标。

儿童个体的新发展阶段论为基础教育课程结构的重构奠定了心理逻辑的基础，人们根据当代新发展阶段论，提出了基础教育课程结构的组织应该按照如下三个基本阶段加以组织。

第一阶段（小学 1～3 年级），以体验性知识和生活性知识的学习为主。在这一阶段，重点通过学生反复的体验和经验来习得一定的技能和感觉，并多少以牺牲其他部分的学习来满足学生充分体验的自由。

第二阶段（小学4年级、5年级～中学3年级），以学问性知识学习为主，并逐渐出现反省性知识和自我知识。在这一阶段，通过逻辑性的思考探究活动，来实现法则概念和方法的习得。在这一探究的过程中，个体需要展开充分的讨论、发展、表现、实验等的活动，同时也要充分发挥和运用第一阶段的技能和感觉活动。当然，这一阶段还只是作为学问性活动的初步阶段，但无论谁都要以一个学者或者研究者的姿态从事学习和研究活动，这是人生的初步体验，是终身学习的基础，所有的学生都有必要掌握。这一阶段学生将面对自我内在的方面进行自我发现、自我思考。教育课程要以共同的知识为主，以选择性的知识为必要的补充。

第三阶段（高中1年级～大学2年级），以自我知识和反省知识为主。在这一阶段，学生面向内在自我，开始关注自我的人生方向、职业选择、适应性和能力等方面，关心自己与外在的不同。为适应学生个体这一阶段自我发展的需要，学校的教育课程应该以培养学生自立、内省能力为中心，教育课程的内容以选择性知识为主，共同性知识作为必要的补充。

因此，学生个体身心发展的逻辑规律决定了基础教育课程结构的组织要按照“三层四阶段”的形态加以组织。“三层”体现的是生活能力课程、基础学力课程和个性发展的学力课程，这三种课程类型在小学、初中、高中和大学四个阶段体现了不同的比例关系。其中，生活能力课程或者说综合实践活动课程应该贯穿于基础教育的不同发展阶段中，小学低年级以生活实践活动为主，小学高年级以社会性综合课题学习为主，初中以学科性综合实践活动为主，高中以综合性学科的学习为主。从小学到高中，随着年级的升高，综合实践活动的比例相对缩小，学习活动内容的综合性从生活性逐步发展到社会性和学科性。因此，综合实践活动课程的开发是适应当代新发展阶段论的必然结果。

第三节　课程的整体框架

一、课程目标系统

1. 创设具有校本特色的综合实践活动校园文化环境

围绕学校“立己达人、知行合一”的教育理念，依托初中思想品德学习内容的综合实践活动课程，对学校整体文化环境进行设计，形成体现“行为知之始”，突出“实践”特色的校园文化。

2. 构建校本化综合实践活动课程体系，开发特色课程资源

构建以基础性课程、拓展性课程和活动性课程动态融合而组成的初中思想品德综合实践活动课程体系，结合本地区和所处社区特点，努力开发课程资源，保障课程的有效实施。

3. 转变学习方式，提升学生核心素养实现，实现立德树人的教育目标

在课程实施的过程中，培养学生“自主、合作、探究”的小组合作学习方式，熟练运用课题研究、项目学习等学习方法，积极参与社会实践活动，锻炼和提高学生的合作参与、创新实践等综合素养和能力。

4. 以课程实施为抓手，促进教师专业水平和学校质量双提升

整合学校优秀教师队伍，组建综合实践教研团队。通过多种方式培养教师课程意识，提升课程实施的能力，转变教学方式，促进教师队伍的整体发展。坚持以点带面，落实学校课程与教学改革，促进学校质量提升，彰显学校办学特色。

二、课程实施系统

学校专门制订课程实施方案，明确课程原则、目标以及管理、实施、评价细则，内容涵盖课程方方面面。成立专门的课程领导小组和工作小组，组织各相关学科教师进行综合实践活动课程的学习与培训。“走出去、引进来”，计划带领相关教师赴苏州市平江中学、苏

州市第十六中学、无锡洛社初中、泰州兴化朝阳湖中学等省内综合实践活动开展较好的学校学习；邀请市综合实践活动教研员到我校开设培训讲座；做好校本培训工作，组织教师定期学习综合实践活动课程的指导纲要和相关书籍，为课程的顺利实施做好人员准备。

任课教师认真进行教学设计，指导带领学生了解课程性质和内容、组织研究性学习小组、选择适切的课题、制订研究计划、开展研究活动、展示研究成果。在课题研究过程中，教师根据学生的研究情况和研究进度，适时地对学生进行指导，传授研究方法，矫正研究偏差。

三、课程评价系统

按照《江苏省义务教育综合实践活动课程纲要（试行）》的指导，我们构建了校本化的课程评价体系。课程评价以过程评价为主，评价方式上呈现“多元评价”的特点，突出对学生学习过程的体验及情感、态度、价值观和综合能力的评价，建立了以自我为参照的评价体系。其内容主要包括了学生评价、教师评价和学校评价。

四、课程保障系统

1. 成立课程实施领导小组

为进一步加强学校对课程实施的管理和指导，推动学科综合实践课程的深入开展，学校决定成立课程建设工作领导小组，具体如下：

（1）课程建设领导小组

组　长：万众

副组长：朱卫华、周宁、李辉

组　员：张锋、黄刘洋、杨斌、陈继辉、耿玉凤、程艳、刘锐、王琪

（2）课程指导与评价领导小组

组　长：万众

副组长：周宁、张锋

组　员：欧颖、江颖颖、孙偕兰

2. 有一定的课程实践基础，为课程实施提供了保障

学校的特色项目“基于团队合作的初中思想品德综合实践活动课程”和学校社团活动已实施一年多，学生的研究课题和社团活动在徐州市的评比中也荣获多项奖励，相关教师获市优秀指导教师称号并获江苏省青年教师相关学科基本功大赛一等奖。近年来，学校一直努力进行学科教师队伍建设，多次选派各学科教师到上海、杭州、无锡、苏州、南通等地听取专家讲座，进入当地学校跟岗、听课学习，课程实施的教师队伍已具雏形。

3. 健全专家引领，完善制度保障

学校聘请了高校科研单位专家、省市教研员、兄弟省市相关课程专家、市区名特优教师等来校对课程建设进行指导和相关授课，把握课程建设方向，承担相关的技术支撑、教师培训工作。同时，学校将建立专家、教研机构、学校评估的三方联合评价和诊断机制，建立相关考评、奖励评价方案，调动师生的积极性。

4. 优质的帮扶学校资源

为推进课程的建设，学校与徐州市第一中学及撷秀初级中学签订帮扶协议。作为国家级示范性高级中学的徐州市第一中学自2013年托管我校以来，对学校的发展给予了大力的扶持。

5. 资金支持

课程项目申报成功徐州市“学校特色发展项目”，为学校带来了可靠的资金支持。

第三章　课程育人环境的营造

学校围绕“立己达人、知行合一”的教育理念，依托“基于思想品德学习内容的综合实践活动”课程，对学校整体文化环境进行了重新设计改造，形成“立己达人、知行合一”的文化育人环境氛围。

2014年下半年开始，徐州市教育局实施“义务教育优质均衡发展战略”，对我们这所属于市教育局直属但地处市区边缘、多年来基础设施较为薄弱的学校给予了大力度的支持，投资近2 000万元先后完成了电教实验楼5 000多平方米的抗震加固和改造工程、教学楼的外立面改造工程、学校整体校园文化改造工程，新建一栋近4 000平方米的综合楼，新增功能教室近20间。校园面貌焕然一新，师生工作、生活在更加安静优雅的环境中。

结合校园环境的整体升级改造，我们把学校“立己达人、知行合一”的育人理念和教育哲学融合进去。按照“学校环境为学生发展创造条件，围绕学生课程创设，为课程服务”的这一宗旨，着力营造学校课程环境。

第一节　以学生发展为中心，倾力打造凸显“实践”特色的课程硬件环境

一、成立领导小组，规划校园课程文化环境设计

为了做好学校课程文化设计工作，学校成立了专门的校园课程文化建设领导小组和负责具体执行的工作小组：

(1) 校园课程文化建设领导小组

组　长：万众

副组长：朱卫华、周宁、李辉

组　员：于晓春、张锋、陈继辉、杨斌、程艳、刘锐、耿玉凤、黄刘洋、王琪、王敏、郑蕾

（2）校园课程文化建设工作小组

组　长：朱卫华

副组长：周宁、李辉

组　员：于晓春、耿玉凤、郑蕾

小组的职责主要是：根据学校育人理念和教育哲学，对学校文化环境特别是课程环境进行深入的分析和解读；就校园文化环境设施建设在校内需求特别是学生需求方面进行充分的调研，征求各方面意见；赴本地、外地相关学校参观考察取经，“取人之长，补己之短”，把别人的成功经验与本地、本校实际情况相结合，拿出初步设想。

二、依托工会和校学生会开展活动，动员师生参与设计

学校指导校学生会制订了“美丽学校我的家，大家都来美化她”的校园环境创意设计活动方案，组织发动全体学生参与到校园设计中来。与此同时，学校工会也在全体教职工当中开展了“校园环境设施建造小创意评比”活动，动员教职工把自己对学校校园环境、硬件设施的好想法和好创意以“小提案”的形式提出来。学校组织了专门的评委会对师生的方案进行了评奖。这一活动的开展既调动了广大师生的积极性，为校园文化献计献策，增强了主人翁意识，又很好地发现了师生的潜在需求，从校园文化环境方面体现了“为师生服务”的治校理念。

三、以“知行合一、行在知先”为核心理念的硬件环境建设

经过精心评选，学校又先后赴苏州、上海、杭州参观考察了一些学校的校园文化环境特别是课程环境的情况，精心选择了几家专门从事校园文化环境设计的第三方机构，经过严格比对和挑选，层层把关，条条筛选，严格竞标，最终选定了相关机构为学校做整体设

计。经过一段时间的施工，先后建设了“两廊”“三角”和“四个一”。

1.“两廊”

“两廊”，即校园主干道的梧桐树“绿色走廊”和教室外的走廊。学校自建校伊始，就在校园南北向主干道两旁栽种了法国梧桐。现在，树木已经有了近40年树龄，长成了参天大树。夏天，高大的树冠和成片的绿荫为师生遮蔽酷暑的阳光，带来阵阵清凉；秋日，枯黄的树叶片片从枝头掉落，铺成满地金黄，构成校园一道靓丽的风景。

怎样充分利用好这一校园景观资源，把自然美和校园文化环境有机结合起来，既带给师生美的感受和体验，同时也更有利于学生课程环境的开发与营造，是我们一直在思考的问题。最终，我们在“绿色走廊”两边设立了以人文、科学、德育活动为主题的展板，及时将学校组织、学生参与的各类综合实践活动及探究成果发布出来，激励学生探究创新、奋发向上。

2.“三角”

“三角”，即图书馆的综合实践活动图书角、班级图书角和教学楼楼梯间的阅读角。

我们的设想是，通过在学校图书馆内设立专门的综合实践活动图书角，为学生提供一个课程实施过程中的教师指导以外的自主学习的环境条件，为学生提供更多的学习资源。班级图书角和教学楼楼梯间阅读角的设计是基于充分利用教学区的空间，创设儒雅的读书环境氛围，帮助学生养成利用边缘零碎时间，随时随地读书的习惯，培养学生爱读书的强烈动机和兴趣，潜移默化地提升其学习素养和人文素养。

3.“四个一”

“四个一”，即“一墙”，学校进门走道的围墙；“一室”，创新实验室；“一坊”，创意工程建造坊；“一棚”，蔬菜、花草等植物大棚。

由于年代久远，学校进门两边过道的围墙比较破旧，既影响了环境美观，资源也没有得以充分利用。因此，我们将其改造为“实践墙”，将学生开展综合实践活动的场景、成果通过图片的形式呈现给师生，激励大家深入开展综合实践活动学习。用创新实验室来推动学校科技教育的发展，广泛开展多种形式的科普教育活动，培养学生创新精神和实践能力，提高学生科学素质；用创意工程建造坊和植物种植大棚来丰富师生的校园生活。

第二节　以学生需求为出发点，充分利用凸显“实践”特色的课程软件环境

学校结合徐州本地区和所处社区特点，努力开发课程资源，为课程效果的落实提供必要保障。主要由校内资源的整合和校外资源的利用两个方面构成。

一、校内资源的整合

学校先在七、八两个年级做了调研，以尽可能地了解初中生的需求，并以此作为课程资源开发的依据。在校内资源方面，我们主要发掘了教师、学生和家长三个方面的资源。

(1) 发动政治学科组的教师，结合自己所带年级和教授的内容，搜集、整理学科知识点深入研究，探寻适合与综合实践活动研究性学习相结合的切入点。学生根据自己的兴趣、特长、爱好分组选择小课题研究的主题或者项目学习的项目，在不同老师的指导下开展课题研究或者项目学习；教师还可以根据自己的特长或发动各种社会关系开发“社区服务与社会实践”的课程内容，如江颖颖老师开发了“徐州经济环境研究”的课题，带领同学们走进工厂企业进行调查研究。

(2) 根据学生兴趣特长，发动学生“毛遂自荐”，充当研究性学习的“小老师”。如七(1)班某学生喜爱文学，特别喜爱《楚辞》，她带领的研究性学习小组把“屈原”作为研究主题内容，大家通过文献搜索整理、研读屈原作品、实地走访调查等方式对屈原进行深入研究。在最后的课题研究成果展示上，孩子们的精彩发言获得了在场师生

阵阵热烈的掌声。

(3) 在了解学生家长职业、兴趣特长爱好的基础上动员家长积极参与到课程中来,指导学生调查研究。如九(4)班某学生的家长从事卖菜的职业,学校邀请她给学生开设“对城市居民‘菜篮子’情况的调查研究”为主题的课题,帮助孩子们辨识各种蔬菜,实地到菜市场调查蔬菜种类、价格;又如七(1)班某学生的家长给孩子上的是“古筝弹奏及基本乐理”,学生们在课程中了解了古筝的构造、摆手型、读谱、指法、演奏等知识;再如七(3)班某学生的妈妈为大家开设了“素描基础训练”的课程,教学生们如何正确观察、理解物像的造型特征,以此提高想象力和思维力,受到一大群“动漫”爱好者的欢迎;还有七(4)班某学生的爸爸则指导“相声”课程,他的课堂上孩子们笑声不断,还真培养出了几个像模像样的“小相声演员”。学生家长来自社会的各行各业,术业有专攻,很多都是所在行业的专家、精英。合理有效利用家长资源,让他们参与到学校课程中来,不仅丰富了学校课程的内涵,也为家庭教育、家校沟通增添了一抹亮色。

二、校外资源的利用

徐州是一所历史文化名城,具有四千余年的建城史,是汉文化的发祥地;自古以来,徐州因重要的地理战略位置而成为“兵家必争之地”,据记载,历史上有大大小小的两千余次战争在这里发生;徐州同时也是全国重要的交通枢纽和老工业基地,因而徐州的实践活动资源极其丰富。我们从徐州本地域的特色特点出发,开发了一系列富有地方文化特色的课程资源。

(1) 从学生的生活出发,开发生活课程资源。学生在学校接受教育的过程也就是学生的生活过程、成长过程,学校教育不能脱离学生的现实生活而存在,如学校开发了“初中生理财实践活动”课程资源,从“计划消费”“合理支配零用钱”“当家理财”“学习简单的投资理财”等十个方面,建构理财实践活动体系,并建议把理财实践活动作为学生必修的实践主题。

（2）从地方资源出发，开发课程特色资源。学校地处徐州市区西北，毗邻九里山、故黄河、气象台、植物园、白云洞、平山寺等自然、人文景观。徐州作为淮海经济区中心城市，在交通、重工、钢构、第三产业等方面有独特的优势和亮点。学校根据课程发展的需要，充分利用当地特色开发课程资源。以汉文化、自然环境、走进社区特色为内容框架，以研究主题、活动设计、实践记录、实践成果、多元评价为基本结构，以知识、研究、实践、体验为基本维度，建构课程资源，学生可以根据自己的兴趣爱好有选择地开展实践活动。

（3）从学生的发展出发，开展初中生志愿服务。为落实“德育为先”的战略主题，学校针对不少学生受社会多元价值观和功利性应试教育的影响，造成情感淡化、责任感缺失等现象，进行了深度的研讨，把“培养学生奉献、友好、互助精神，培育学生社会责任意识”作为研究的课题。学校成立了志愿服务组织，构建了志愿服务的内容体系、管理体系和方法体系，开展“初中生志愿服务”系列实践活动，把学生的志愿服务意识、社会参与意识落到学生的生活中，实现了学校和社会共同培养学生，促进了学生的全面发展。

第四章　课程的实施

从2016年年初起，学校依托徐州市“特色学校发展项目”的申报，开始整体谋划“基于初中思想品德学习内容的综合实践活动课程”项目。为此，学校先后“走出去、引进来”，积极向综合实践活动课程开发实施较早的先进地区和学校虚心学习。学校领导和政治组的老师先后参观考察了苏州市平江中学、苏州市第十六中学、南通如东景安中学等，在参观考察期间大家全面观摩了这几所学校先进的课堂教学方式、丰富的课程安排以及多彩的教育教学活动。向泰州兴化市昭阳湖中学的领导专程请教了该校多年来实施综合实践活动课程的经验并在学习基础上逐步形成了自己的课程顶层设计。

第一节　“基于初中思想品德学习内容的综合实践活动课程”的顶层设计

一、成立课程领导机构和实施机构

学校组织成立了专门的课程建设领导委员会及课程指导与评价委员会。

(1) 课程建设领导委员会

组　长：万众

副组长：朱卫华、周宁、李辉

组　员：张锋、黄刘洋、杨斌、陈继辉、耿玉凤、程艳、刘锐、王琪

(2) 课程指导与评价委员会

组　长：万众

副组长：周宁、张锋

组　员：耿玉凤、王冠军、赵云、周凤文、欧颖、杨晓冬、任新新

二、制定《徐州市第二十二中学综合实践活动课程管理办法》

徐州市第二十二中学综合实践活动课程管理办法

为了全面贯彻落实《国家中长期教育改革和发展规划纲要(2010—2020)》以及《江苏省义务教育综合实践活动课程纲要(试行)》，学校秉承“立己达人、知行合一”的教育理念，强调以“行在知前”为核心的育人途径，加强综合实践活动课程管理与实施，逐渐使综合实践活动课程实施常态化。现制定学校综合实践活动课程管理办法。

1. 学校政治组教师要认真学习综合实践活动课程理论，转变教育观念，努力提高对课程育人价值、学校特色发展的认识，自觉融入到课程实施中来。

2. 教师要自觉维护义务教育课程计划的严肃性，严格执行《江苏省义务教育综合实践活动课程纲要(试行)》所规定的课程计划，开足规定的课时。凡擅自将规定的课时取消或改上其他学科课程的，一律视为教学事故，一经查实，负有责任的教师严肃处理。在晋升、晋级和三级骨干教师评选中，视其影响给予降级处理。

3. 成立综合实践活动教研组，建立学校一支专兼职结合的指导教师队伍，负责综合实践活动课程实施的规划、组织、协调与管理等方面的工作，定期开展课程研讨培训。

4. 学校加大对综合实践活动课程开发、师资培训、活动开展、基地建设等方面的经费投入，确保综合实践活动课程实施顺利开展。

5. 大力开展综合实践活动课程研修活动，为广大教师提供环境和外出学习、培训的机会，不断提高教师的课程指导能力。

6. 定期开展课程专题研讨活动，每个指导老师每学期要展示一节区校级研讨课。学校校长、分管校长要定期参与课程实施指导，教导处、教科室要做好班级课程实施工作的督导和检查。

7. 安全是学校工作的生命线。学校建立学生外出开展活动申报制度和学校领导跟随制度。指导老师在外出活动前要制订详细的活动安全保障方案，得到批准后，相关领导要进行跟随。

8. 指导老师的工作量按 1∶1.5 计算，也就是说担任综合实践活动 1 课时的工作量，相当于担任学科课时的 1.5 课时（其中 0.5 作为考核课时）。

9. 加强班级课程实施情况的检查、考核工作，并将课程实施的质量与指导老师的绩效考核挂钩。自主组织学生开展综合实践活动课程研究的教师可以在开学时申报。对于过程性资料（教师的方案设计、学生的成长记录本）整理齐全，课程实施较好，效果突出的指导老师，绩效考核予以奖励。

10. 根据学校实际情况，鼓励广大教师加入到课程实施中来。对积极参与课程实施并取得一定效果的，在教师申报职称、评优评先、表彰奖励时，同等条件下优先。教师所取得的成果采用“百搭”的方法认定，指导教师的成果可以放在所有学科中使用。

徐州市第二十二中学

二〇一六年三月五日

《徐州市第二十二中学综合实践活动课程管理办法》出台以后，学校即按照相关规定，开始严格实施校本课程的开发与实践。

第二节　结成“教师学习共同体”，为课程顺利开展做好师资准备

在制度出台的基础上，学校还组织政治学科组全体教师成立了专门的课程实施委员会，结成教师“学习共同体”。在委员会的直接领导下，参与课程的教师有组织、有计划、有步骤地认真学习，开始尝试实践操作。

一、建立教师学研共同体——“教师学习者联盟”

以“教师学习者联盟”为依托，每两周进行一次集中学习研讨；构建了教师学习的模型，把“反思”作为联结理论学习与实践操作的重要纽带。引导教师边学边做，边做边学，在学习和实践的交互辩证关系中不断提升业务水平。所建立的重构教学研模型如图 4-1 所示。

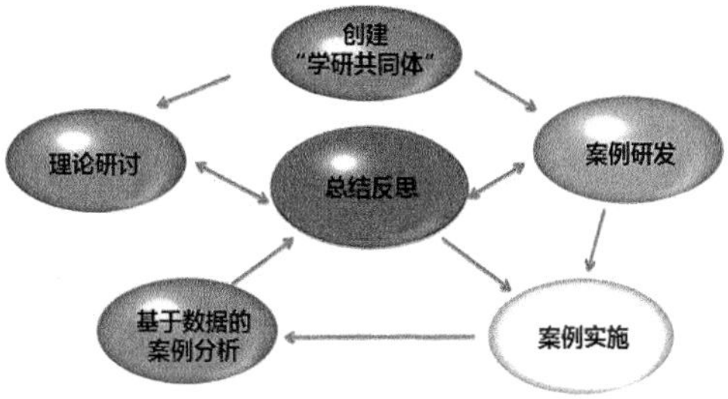

图 4-1 重构教学研模型

二、构建教师学习共同体的执行运转机制

用制度的力量来促使教师更加积极主动地投入到课程实践中去,我们制订了《徐州市第二十二中学教师"学习者联盟"工作制度》,来规范教师学习与研究行为。以下分别列出《徐州市第二十二中学教师"学习者联盟"工作制度》及"学习者联盟"研究专题列表、历次例会教师提出的问题汇总及解答(部分),以供参考。

徐州市第二十二中学教师"学习者联盟"工作制度

为促进新课程的顺利实施,全面提高教育教学质量,扎实有效地推进我校课程建设工作,经学校研究成立教师"学习者联盟",现制订工作方案和工作制度如下。

(一) 学校成立课程管理与研究领导小组,由分管校长室领导,教务处具体落实,各教研组、备课组积极参与,承担起新课程教学研究与管理的探索、创新职责。每月的月底召开工作会议,听取实验进展汇报,及时了解实验教师的困惑、实验中出现的问题,注意掌握和积累第一手资料,并按规定和要求呈送资料。

(二) 参与教师认真做好经验总结,在每月月底最后一次的年级教研活动中将实验中碰到的问题及自己的困惑、反思、成功的经验等进行交流,并在课改领导小组、工作小组会议上进行汇报。每人每学期至少上一节研究汇报课。

教师要加强学习，互相交流，促进教学水平的提高，学期末每位教师都要有自己的研究总结。在学校形成一种良好的教科研氛围，不断促进教学改革和教师专业化的发展。

（三）加强集体备课。实施课改实验的各年级任课老师必须深入研究本学科的课程标准，掌握新课程的理念，明确新课程目标。任课老师必须系统研究本学科的教材，把握其特点、结构，针对具体的教学内容，科学设计合理的教学环节。教案既要有共性，又要体现个性，关键要体现课堂教学中的师生活动过程以及教与学的方法。

（四）定期举办课改经验交流活动。参与课改教师每学期举行至少2次交流活动，每位教师根据自己的实践体验，谈感想、谈反思，还可根据下发的学习资料和指定阅读的理论文章谈自己的学习体会和学习收获。

（五）学校每学期组织一次家长开放日活动，组织家长听课，参与评课，召开家长会，及时了解家长对课改的意见和建议。

（六）总结反思。每位教师要善于总结和反思，要求每节课后都要认真进行反思，把反思日记、教学后记作为备课的一部分；每月根据自己的教学实践认真进行总结，撰写一篇案例评析、反思体验小论文或教学随记。

徐州市第二十二中学

2016年3月

徐州市第二十二中学教师“学习者联盟”研究专题列表

1. 什么是小组合作学习？小组合作的意义何在？

2. 如何进行分组？依据的原则和采用的方法有哪些？

3. 小组成员在合作学习中的角色应如何划分？

4. 任务应如何设计？

5. 如何帮助学生学会怎样合作？（如何培养学生积极互助的精神和习惯？应与任务设计紧密结合）

6. 采用小组合作教学的教学设计应包含哪几个基本环节？

7. 小组合作学习的课堂延伸部分包括哪些内容？教师应如何掌控？

8. 小组合作学习应怎样建立课堂即时反馈系统？

9. 应怎样建立小组合作的评价体系？

徐州市第二十二中学教师“学习者联盟”历次例会教师提出的问题汇总及解答(部分)

1. 每次当堂检测3～4题,但是每一组只能固定地进行一题,其他组无法参与这题的讨论,所以任务如何具体分配?

答:采用“拼图法”。

2. 小组的人数多的时候,有的同学负责较多,对小组贡献较大;另一部分人依赖性较强,贡献较小。如何使角色得到变化?

3. 是否所有课型都有必要用小组合作来上?语法、词汇、写作、阅读,是否小组学习的具体操作形式也应该有所不同?

4. 如何把小组合作由少部分人参与变成多数人的活动?

5. 小组合作学习的公开课、展示课如何内化为平时的常态课?

6. 课堂时间分配、容量和难度之间的关系,如何均衡处理?

7. 小组代表在回答问题的时候,所展示的结论答案能不能代表整个组的意见或讨论结果?

8. 能不能集中学科组的优势,集中优势力量一起参与,设计出一种相对固定的上课模式?

9. 任务的设计、问题的设计如果不跟小组合作相结合,就会走入“披着小组外衣的传统课堂”的死胡同。合作探究在课堂上应如何体现?

10. 在预习导学部分,预习的成果如何落实?

11. 通过这节课想研究或展示什么?是想去展示平时的研究成果?发现了解决的问题?你的主导思路是什么?建议我们教师以后在上课前先用一句话说明想展示或传达的主题,然后上课目标就会非常明确。没有目的性就会导致教研活动没有实效性。希望坚持提问:从课堂教学改革角度,这节课你想展示什么、解决什么问题?听课的教师也有针对性地去听课去评价。

12. 任务分配的难度是不是根据人员编号来制定的?

13. 学生的编号如何操作才能既体现层次差异,还能维护学生自尊?

答:让每个人都参与,都有任务去做,哪怕都有职务。

14. 竞争抢答的形式很好,但是存在“课霸”的问题,如何解决?

15. 合作小组学习的形式如何多样化?

答:既合作又要竞争;既要注重讨论的人人参与,又要关注展示环节的人人参与；既可以生生合作，也可以师生合作、同组合作、异组合作、生本合作、人机合作等。

16. 如何做到展示平台的多样性？

答：要既解决讨论过程的参与，又解决大班化的集体展示问题。可借鉴杜郎口中学模式，以黑板、投影仪及其他媒介的形式做到整体的展示。

17. 如果学生都想回答这个问题，应该先叫谁回答？原则是什么？

答：哪个学生想要展示都可以去展示。这就解决了不以成绩好坏来选择学生的困难。我们容易忽视展示过程的人人参与，而只关注个体形式的展示。

18. 容量、难度和时间的矛盾冲突怎么解决？尤其是高中难度较深。

答：要会放弃。是选择牺牲小组活动展示的过程，还是舍弃掉一定的做题时间和练习量，即所谓的教学进度，来保证我们学生参与活动的效果？研究性学习的过程是为了让学生形成一种习惯，一套方法要比多解几道题更重要。

19. 如果参加优质课比赛，对学生不熟悉，是不是也可以用小组合作学习的模式？

答：任何课型都是可以的，关键在于教师驾驭课堂、操控学生活动的能力和策略。

20. 备考或常规进度与开展小组合作学习之间有无矛盾？

答：优化教学内容，精简知识体系，精讲重点难点，保证教学实效性。

21. 在校没有足够的自习时间，如何保证学生课前任务的完成？

答：通过课前给学生布置任务，强制性地检查反馈，坚持监督、落实一段时间，让学生养成自主预习的学习习惯。

注：研修内容还在不断补充中。

徐州市第二十二中学教师“学习者联盟”

2016 年 6 月

三、实施“定制式培训”

学校邀请高校和教研部门的专家专门到校为老师们基于课程实践中的问题和困惑进行靶向性指导。

徐州市第二十二中学教师“学习者联盟”研讨课评课暨专家指导工作简报

2016年9月23日下午，徐州市第二十二中学教师“学习者联盟”在教研室1召开评课暨专家指导研讨活动。为推动课堂教学方式转变及工作进一步开展，学校连续两天组织了万众等7位实验教师面向全校开设了课改研讨课，“学习者联盟”全体成员积极参与听课。研讨活动由周宁副校长主持，市教育局基础教育处课改办公室刘勇主任莅临指导，参加“联盟”的研讨活动。会议围绕当天的三节研讨课，开课老师阐述教学设计和教学反思，听课老师展开评课。针对小组活动过程中产生的问题，刘勇主任肯定了我校在课程建设及“学习者联盟”建设方面所做出的努力和取得的成果，提出了中肯的建议和意见，为实验教师解答了在实验中遇到的困惑和问题，并鼓励教师们保持良好势头，坚持把课改工作开展下去。教师们各抒己见，积极参与讨论，提出了自己的想法和建议。活动持续三节课时间，与会老师深受启发，取得良好效果。（以下节选发言）

★ 开课经验

万众：

1. 学生参与课堂的机会均等，无论学生的地位职责如何，都可以为小组做贡献，都可以参与到整体活动中去。

2. 在建模方面，初步设计四个环节：预习导学—新课学习—巩固提升—当堂检测。

3. 小组合作学习，要相信学生。学生能讲的让学生讲，组内解决不了的问题，交给其他组帮助，再解决不了的，由老师归纳总结。

4. 教师的讲解要“惜字如金”，当讲才讲，精心设计，精讲精练。

周宁：

1. 用故事来导入，吸引学生的兴趣，让学生更好地理解作者的思想感情。

2. 把活动设计与这节课的主题“走一步，再走一步”相联系，就是把大的困难分解成小的困难逐步去解决。

3. 我想传达的理念就是人人参与、全员参加。

江颖颖：

1. 小组同学间多角度、多层次、滚动式地合作。

2. 课堂设计就是体现两个字：一个是“读”，通过读来悟；第二个是“背”，通过背诵来“联”。

3. 课前演讲是两个班演讲者互相交换、相互竞争，效果显著，反响强烈。

★ 评课观点

欧颖：

全体参与，没有刻意地专门针对某一个学生，避免了只有活跃分子参与的现象，所有学生都要做好回答的准备，深受启发。

万众：

1. 根据成功机会均等的原理，问题的设置要考虑层次上的差异。防止出现惰性思维，可以定期进行轮换。

2. 成就区分的模式，体现了团队合作，也体现了机会均等。

3. 小组合作学习对课外的要求相当高，特别是预习环节。怎样帮助学生养成良好的合作预习的习惯？一入学就要帮助学生养成良好的习惯。

4. 引入观察员来去判断谁应该先回答，观察组内成员的状态。

孙敏：

1. 教师们的小组合作教学是多样化的。教学方法的多样化体现在合作学习中的游戏竞赛法方法、成就区分法等。

2. 江颖颖老师的课基本全员参与，积极性很高。教师饱含感情，从情感上帮助学生掌握字词。

3. 诵读和归纳的展示没有完成，容量有些大；六要素的整理时间有点长，可以缩短。

陈继辉：

1. 计分用磁铁很实用。

2. 引入的设计很好，调动了兴趣。滕老师的课前演讲若能和教材内容结合会更好。

耿玉凤：

1. 课上学生开始出现互相质疑，这就是一种“师生的合作”。

2. 结合徐州本地的一些文化特征，快速调动学生的兴趣。

3. 不要让最靠近角落的学生感觉被边缘化，一旦长期受挫就会消极而放弃。

4. 合作学习的优势就是开放性。思维活跃，没有固定的答案，打破了定势思维。

5. 不要妄图用一节课达到所有目标，让学生学会一种方法要比多学几道题更有意义，这就是“授之以鱼不如授之以渔”。

★ 专家指导

刘勇主任：

1. 上课前教师先想好这节课想展示或传达的主题，然后上课目标就会非常明确。

2. 我们老师要解放思想，让每个学生都有“官职”，每个人都参与，都有任务去做。

3. 主持人不一定就是学习最好的，他的作用就是组织这个小组的活动，让活动有序进行，保证讨论时每个人都能发言，而不是他一个人在发言。

4. 课前演讲作为轮流对学生进行语言表达的常态训练，应该坚持下去，给每个学生提供一种锻炼的机会。

5. 我们在小组合作学习过程中，重视了学生的讨论过程，着眼于讨论环节人人参与，但忽视了展示过程的人人参与。解决这个问题的思路是要解决展示平台的多样性问题。

6. 要有取舍，要会放弃。是选择牺牲小组活动展示的过程，即所谓的教学进度、练习，还是舍弃掉一定的做题时间和量，来保证我们学生参与活动的效果，这种矛盾是贯穿于我们老师备课的一个主要矛盾。研究性学习的过程及学习能力的形成，对于学生的影响更大，让他们形成一种习惯、一套方法要比多解几道题更重要。

7. 导学案“三导”——导读、导思、导问，尤其培养学生提问的习惯；建议在导学案留出一栏：请你提一个问题。

8. 导学案问题的设计，有很多可以再讨论商讨后慎重精选。有些提问，不该提的也去讨论。有些探究问题放在课堂上讨论没有意义，没有探究的价值。

9. 小组合作学习方式，就是要“让教师走下来，学生动起来，效果动起来”。如果提建议的话，就是要增强小组合作教学的有效性。

10. 如果学生没有全面参与，很有可能就是采取的方式不当。组间竞争是对的，但是只有学习机会的竞争，而没有学习效果的竞争，还有竞争问题解决欠缺完整性。

★ 总结讲话

刘勇主任：

1. 我们的实验站是进行课改探索的重要保障，保障我们参与课堂教学改革的有效开展并持续做下去。

2. 改革会出现问题，问题不是由个人解决的，而是交给一个团队。我们建立了问题解决机制，帮助一线教师解决问题和困难，这就是一种校本化的研究机制。

3. 希望第二十二中学将课改良好的势头保持下去，不断充实力量、扩大队伍，吸引更多老师参与进来。

4. 实验站要经常不断地去深化研究，最好可以把每次讨论的结论和问题整理出来，结合课堂教学软硬件看能否落实解决。

万众：

1. 教育局对我校督导的高度评价，使我们感受到这是一个很好的开头，我们要借助督导的东风，把我校的课改工作提高一个台阶。

2.“课改月推进活动”带动我们开始研究酝酿学校的特色，集中人力、物力认真做研究，掀起了第二次的课改高潮，进一步推动了课改工作的开展。

3. 我们“学习者联盟”坚持活动，学校坚持大力支持，欢迎专家多指导、多提宝贵意见。

徐州市第二十二中学教师“学习者联盟”

2016 年 9 月

徐州市第二十二中学教师“学习者联盟”研讨课专家评课发言实录

周宁（主持人）：今天是个非常难得的机会，我们非常有幸请到了徐州市课改办公室的刘主任，刘主任也是徐州市著名的课改专家。首先我们以热烈的掌声欢迎刘主任的到来。我首先代表课改实验站的全体成员表达我此时此刻的心情。我们从这学期开始进行了一些课改实验的工作，但是在工作过程中发现了很多问题，也遇到了很多的困惑。久旱逢甘霖，我们盼望专家能给我们有高度、有提升的理论指导。所以今天对刘主任的到来我非常激动，也非常感激。接下来，我们就今天开的三节公开课展开评课，以课为抓手进行研讨。我建议以以下顺序发言：上课教师就教学设计、教学反思发言，主要谈解决什么问题；听课教师从小组合作学习的课改方向进行评价；其他教师参与讨论；最后请刘主任进行指导。

万众：首先我先抛砖引玉，就今天的课先来汇报一下，不当之处请各位批评指正。先来说一下我的教学设计。这节课有一个大胆的想法，尽管课改实验站已探索一段时间，有一定的实践经验，随着研究的深入，解决了一些问题和困惑，但还有一些突出的矛盾有待解决。最近一段时间，有老师提出问题：课改目前是否可以进入建模阶段。针对这种背景，我想探索一种模式，给大家一些借鉴或启发。我想通过这节课，就小组合作学习运用到的方法及体现出的课程思想，跟大家进行交流。比如有一个问题，合作探究在课堂上如何体现。任务的设计、问题的设计如果不跟小组合作相结合，就会走入"披着小组外衣的传统课堂"的死胡同。"人人为我，我为人人"，团队合作如何体现？我还想展示一种学生参与的均等机会理念，无论学生的地位职责如何，都可以为小组做贡献，都可以参与到整体活动中去。归根结底，就是通过这节课给教师们提供一种课例材料，不管成功失败，都把这些想法尽可能地融入课程设计中来。在建模方面，初步设计四个环节：预习导学—新课学习—巩固提升—当堂检测。我在备课时发现两个问题，第一个在预习导学部分。预习的成果如何落实，是一个主要问题。第二个问题就是课堂任务的难度、容量，如何让学生充分地展开思考、讨论，达到预期效果，这也是一个值得思考的难题。我在最后的巩固检测中，想重新根据学生的层次分组，给他们相应难度的问题，讨论、解答，当堂互相批改。我还想贯彻一种理念，小组合作学习课，还是要相信学生。学生能讲的就让学生讲，这一组解决不了的，交给其他组补充。再解决不了的，由教师归纳总结，但是要"惜字如金"，当讲才讲，所讲的要精讲，是精心提炼的精华。以上就是我的一些真实想法，我希望听到大家的宝贵意见。

江颖颖：我这节课的目标就是让学生有感情地朗读课文。前面有一些小插曲，很多老师听课，板凳不够，耽误了一段时间。导入新课时，我选用故事来导入，吸引学生的兴趣，也让他们更好地理解作者的思想感情。检查学生预习情况时，比我预期要耽误时间。课文学习环节，我让学生去找"六要素"；后面的分角色诵读，都在为学生复述课文做铺垫。我之前在构思，如何把活动设计与这节课的主题"走一步，再走一步"相联系，就是把大的困难分解成小的困难去解决。这节课的主要任务是复述课文，所以前面的体验课文就是为了后面，但是字词耽误时间，所以后面没有来得及，有些可惜。最后有一个课外拓展，是一首小诗，名字也叫作《走一步，再走一步》，最后再深化一下主题。我意识到很多不足，比如时间的掌控。我听了滕老师的公开课，他的小组合作模式特别成熟，特别规范。而我随意性表较大，每节课的形势有所不同，还需要再探索一下。希望大家多多提意见。

刘勇主任：我想问一个问题，你通过这节课想研究或展示什么？是想去展示平时的研究成果吗？发现了解决的问题？你的主导思路是什么？

江颖颖：我的课想让全员参加，可能就会耽误一些时间。在检查“六要素”的时候，要求组员全部要通过，组长才可以举手。朗读课文也是，每个同学都要参加进来。我想传达的理念就是人人参与、全员参加。

刘勇主任：那么你的想法就是通过小组合作学习让小组每个成员都参加课堂活动，解决这个问题。所以，我建议我们老师以后在上课前先用一句话说明想展示或传达的主题，然后上课目标就会非常明确。

陈继辉：我被苏轼伟大人格魅力所感动，开始在黑板上写，通过研究同一时期的词作，探索他人生的伟大历程，研究的就是他的人格魅力。设想是让小组同学间多角度、多层次、滚动式地合作。特别让我感动的一件事是，接到课题任务的时候，布置给学生预习任务，有一个平时不积极主动、内向的女生也在积极地查阅资料，那么其他的活跃分子可想而知。所以这种形式是非常调动学生积极性的。我的课堂设计就是体现两个字：一个是“读”；通过读来悟；第二个是“背”，时间关系没有完成，后面再继续的话，就想突出“联”，即联系苏轼的其他作品。展示部分没有控制住，环节设计有点多，还有很多不足之处。我把万校长的课型搬到我的课上，原来是通过两两配合完成，考虑到这种模式比较成熟，临时调换一下，主要就是通过滚动式讨论。1、2 号一起，3、4 号一起，两两合作。

刘勇主任：根据什么来编号？

陈继辉：1 号是成绩最好，语言组织能力最强；2 号是记录员；3 号是检查员——是按照基础依次薄弱的顺序。考虑到要集中力量攻破问题，两两搭档，节省时间。

万众：我问一个问题，任务分配的难度是不是根据人员编号来制定的？

刘勇主任：好像不是这样理解？比如 3、4 号解决的第二题，难度就不小，1、2 号难度却不大。

陈继辉：今天专门跟 1、2 号布置，要开好一个头。因为这首词是写景抒情，如果把写景解释得很好，下面的问题就会顺利解决。

周宁：其他听课的老师，也都说一说。

刘勇主任：这三位老师的课想解决、想展示的有没有解决，围绕这个谈一谈。

欧颖：我想说一说江颖颖老师的课。我在我们班上课，也是小组合作学习。有时只有活跃分子参与，其他学生没有参与进来。听了江老师的课，给了我很好的启发。她把学生编成1～6号，但是所有学生都参与，没有刻意专门针对某一个学生，那么所有学生都要做好回答的准备。这种全体参与的意识是非常值得借鉴的。但我困惑的是，学生的编号要如何操作，才能体现层次差异，而且还要维护学生自尊。

万众：这里还要解决成功机会均等的问题，设置不同的问题就要考虑层次上的差异。防止出现惰性思维，可以定期进行轮换。

刘勇主任：我的建议是每个人都参与，都有任务去做。我可以按学科区分，语文课是1号，数学课就是2号。主持人的作用，不是解答所有问题，不一定就是学习最好的。主持人的作用就是组织这个小组的活动，让活动有序进行。有序就是保证讨论时每个人都能发言，而不是一个人总发言。主持人往往是最后一个发言，责任就是督促其他人发言，大家说完了他可以做总结陈述，代表小组内核心的、具有主导性的意见。老师不管喊到谁，都去说这个具有主导性的结论，这才是小组讨论的结论。我们老师要解放思想，把能给的"职务"都给学生安上，让每个学生都有事儿做。1号可能对职务已经不敏感，但是6号会非常喜欢，给点事儿做肯定会非常认真。

孙敏：听了这三节课，感觉我们老师进行小组合作教学是多样化的。比如说合作学习中的游戏竞赛法、成就区分法。

王冠军：成就区分的模式就是先进行新授课，新授课就是传统课，然后当堂检测，根据不同的层次布置不同的任务。重新组成一个测评小组，同一程度的学生重新被分在相同小组。测试完交换批改，体现了团队合作，也体现了机会均等，即使是6号，也为小组贡献了分数。

孙敏：为何1、2号完成全部题目，3、4号完成前四题？

王冠军：就是考虑到成就区分，因为我的题目设置是有层次的。5～7题难度是逐渐增加的，但是很遗憾没有完成。这只是展示一种方法，而不是随意经验的运用。

孙敏：毛琳老师的课基本全员参与，积极性很高。但是我观察到第6组有一个4号组员，有一个问题没有回答上来。优点是饱含感情，从情感上帮助学生掌握字词。有一个建议，诵读和归纳的展示没有完成，容量有些大。还有“六要素”的整理时间有点长，可以缩短。

赵云：听了几节课，有很多收获。先来谈一谈老师们的优点。第一，计分用磁铁很实用。第二，引入的设计很好，调动了兴趣。滕老师的课前演讲能和教材内容结合会更好，时间可能比较长。竞争抢答的形式很好，但是存在“课霸”的问题，能不能两者结合起来？还有两个问题，合作的形式是不是只有互帮互教，还有没有其他形式？也就是展示不只是一个人展示，可以一组同时展示，合作形式体现更多。最后就是时间和容量的关系，怎样处理会更好？

陈继辉：我插一下。这个课前演讲是另外一个班和我们班演讲者互相交换，效果非常好，在两个班学生中反响很强烈，所以就用到了课上。

刘勇主任：作为轮流对学生进行语言表达的训练，是个常态的锻炼，应该坚持下去，给每个学生提供一种锻炼的机会。这个思路也很好，这个班到另一个班去，带有一种挑战性，也是一个很好的展示机会。学生在一起互相比较、竞争，让学生调动起来，老师就好办了。

赵云：合作形式是如何多样化的？

耿玉凤：是不是我们只体现了单兵作战？学生的竞争意识很强，但也要把学生的整体表现出来，展示合作的成果，借助于一些媒介，比如小黑板、海报、投影仪等。

刘勇主任：为何不采用实物投影仪？

耿玉凤：通过这样的一些展示，学生会眼前一亮，又可以保证整体的展示。

周宁：如何保证常态课的课堂形式？小组合作学习对课外预习的要求相当高，特别是预习环节。怎样帮助学生养成良好的合作预习习惯？一入学就强制帮助学生养成这种习惯。

赵云：如果学生都想回答这个问题，应该先叫谁回答？原则是什么？

刘勇主任：对，今天好像遇到这种问题，一下子好几个学生都站起来回答。

陈继辉：我觉得应该喊平时不积极发言的同学先来。

万众：考虑到机会的公平性，我觉得不能再去顾及学生的基础性。上课时，让每一个组的观察员去判断谁应该先回答。观察员就是去观察组内成员的状态。

刘勇主任：思路大体上有道理，但是离我的理想还是有一些差距。我的想法是，不管是哪个学生想要展示都可以去展示。这就解决了不以成绩好坏来选择学生的困难。刚才有老师就提问，如何使展示的方式更多。我们在小组合作学习过程中，重视了学生的讨论过程，着眼于讨论环节人人参与，但忽视了展示过程的人人参与。这样就把小组学习割裂成两块儿，一块儿是人人参与，一块儿是派代表、推荐、老师指定或者站起来，这都是个体形式的展示。可能这个同学的发言不是小组的意见，而是个体学习的过程结果。产生了一个矛盾问题，讨论人人参与，展示过程个体参与。解决这个问题的思路是，要解决展示平台的多样性问题。这两节课，展示平台不多，就是让学生说。6个小组都说完了，时间也都用完了。能不能做到在同一时间内6个小组同时展示呢？那我们就能理解杜郎口为什么一下子用这么多黑板，就是解决展示平台的问题，以及解决讨论过程的参与，又解决大班化的集体展示问题。

周宁：容量、难度和时间的矛盾冲突问题怎么办？高中应该难度更大。

刘勇主任：我认为这里面存在一个死结，我们的老师在设计课堂内容的时候，头脑当中老想把尽量多的涉及的知识全都去讲，担心没有讲到会良心过不去。我们老师在文本教材的选取上，尽可能把大量的东西全加进来，这肯定难度就高了，学生很难掌握。这个时候就要有所取舍，有所得就要有所舍。要会放弃，选择牺牲小组活动展示的过程，所谓的教学进度、练习，还是舍弃掉一定的做题时间和量，来保证我们学生参与活动的效果。这种矛盾是贯穿我们老师备课的一个主要矛盾，到底该舍谁留谁，需要思考。我建议可以借鉴杜郎口模式，他们的教学思路就是舍教学内容，优化文本教材，重新组合，然后力图达到举一反三的效果。选择最少、最精练的学习内容，通过学生参与研究的过程，培养学生的学习能力，又通过提升学习能力，由会解一道题变成会解跟这道题同类的题。把过去传统课堂上学生解决两道题的时间，集合起来变成解一道题，但这一道题就必须是让这个组全部成员都吃透、搞懂、彻底掌握的一道题。我举杜郎口的例子，当然是展示课，是全体展示，是提前分好工，物理题每个小组一道题。小组的展示先是主持人介绍题目，之后请同学来讲解决这道问题的知识储备，就是公式一类的东西。下一个同学展示解题思路，再一个同学讲具体的做法，第四个同学总结同类题应注意的问题。最后主持人说这就是们组的展示，问其他组有没有更好的办法。那么其他组思维开始积极活跃，纷纷挑战。如果这样一套东西让学生熟练地掌握，那么以后遇到类似的问题，那就会去生成这样一套体系。这就是研究性学习的过程，这种学习能力的形成对于学生以后的学习会有影响。要让学生形成一种习惯,一套方法要比多解几道题更重要。

周宁:刘主任到底是专家,经验丰富,相同的问题我们百思不得其解,刘主任一点就透。所以要求我们老师回去做个工作,按照学科整理一套适合的课程体系。

刘勇主任:学科不同,可能理科任务布置可以做到每人都有事做,文科的题目让学生都有话可说。但是小组展示的人人参与是可实现的,也是我们的理想目标。

王冠军:那么如果参加优质课的比赛,在外面上课,对学生不熟悉,是不是也可以用小组合作?

刘勇主任:给你举个例子来说明这个问题。泉山区的火花学校从去年开始进行课堂教学改革,已经有一年多。我了解到,泉山区教研室要给河南一个学校送教,让火花学校去几个老师。在那儿搞了两天活动,同课异构,反响非常好。然后对方派代表团回访。现在对于这种学习形态有了越来越多的认识和认同,关键是自己的教学效果是否有效。

耿玉凤:我想结合这几天听的课来谈一谈自己的一点感悟。先来说万校长的课,课上学生开始出现互相质疑,这就是一种"师生的合作"。学校合作小组的活动,包括师生合作、师师合作、生生合作、生本合作和人机合作。学生提出自己的疑惑,万校给出了解答,这是一种"理性的课堂"。在评价上,有纠错、有鼓掌,更让我欣赏的是,更多地体现出延迟的评价。他不是让学生回答后直接给出答案,而是让学生思考、讨论后得出自己生成的更有价值的答案。探究活动布置的时间确实还给学生,基本上是达到的,让学生充分地得到讨论。还有,结合我们徐州本地的一些文化特征,比如徐州的地铁,快速调动学生的兴趣。观察员的使用让合作的竞争意味更加浓厚。提一点建议的话,就是第5组没有回答问题,不要让最靠近角落的学生感觉被边缘化。一旦长期受挫的话,就会消极而放弃。对于回答问题强势的学生,是否可以及时介入,给予一些控制或调节?然后谈谈毛琳老师的课,她的课就是一种"情感课堂",一直在用情打动学生。而且毛老师的课不怕学生出错,就是让学生在错误中及时纠正、加深理解。后面的活动相当真实,学生渐入佳境,模拟课文中真实的情景。美中不足的是,复述及小组的展示能够更充分的话,就更加精彩了。至于滕老师的课,就是一种"文化课堂",很有文化气息。场面竞争很激烈,兴趣很浓。

里面有个细节，把两票投给其他组，体现人情味，建议是适当给出自己的原因。解释最有味道的词，体现出了合作学习的优势，就是开放性。思维活跃，没有固定的答案，打破了定势思维。有好几个同学都回答一个问题，赵老师加入了一个技巧策略的讲解。因为对于开放性问题，即使没有固定答案，但是也是有标准上限制的。我们在回答现代文阅读、古诗词鉴赏问题时会发现答得多并不就是得分多，因为是按点得分，所以它是存在技巧策略的。最打动我的就是给苏轼的一句话，使思维再次升华，情感境界又到了新高度。我们教学的三维目标，知识有了，方法有了，情感态度也收获了，让学生的人生观、价值观得到体现。建议就是适当控制一下过于强势的学生。这是我的一点想法。今天也算听了刘主任一节课，两句话抒发一下我的感受。第一句，我们的课不要妄图用一节课解决所有目标，能够完成其中一个点，就算成功了。第二句，就是让学生学会一种方法要比多解几道题更有意义，这就是"授之以鱼不如授之以渔"，让学生自己去悟，再去做其他题目，更有价值。

周宁：请刘主任给出专家的指导，总结今天的座谈。

刘勇主任：今天到二十二中和以往到这儿来，心情格外不同，更加激动。通过听了两节课，看到了我们老师的精神面貌。我们在座的老师参与的"学习者联盟"，非常有价值。我们的"联盟"是我们课改探索的重要保障，保障我们参与课堂教学改革的有效开展并持续做下去。改革会出现问题，问题不是由个人解决的，而是交给一个团队。我们学校建立了问题解决机制，帮助一线老师解决问题和困难。实验站经常活动，就是一种校本化的研究机制。不要期望着专家的指导，遇到问题最根本的还是依靠研究团队解决，依靠自己。以前的教研活动大多都是无效的，漫无目标，评课的时候也没有目标，没有解决问题。我们的教研活动始终在做"夹生饭"。没有目的性就会导致教研活动没有实效性。希望下次坚持提问：从课堂教学改革角度，这节课你想展示什么？解决什么问题？听课的老师也应有针对性地去听课、去评价。从在座的看到我们课改的一个良好势头，气势很好，势头要保持下去，不断充实力量、扩大队伍，吸引更多老师参与进来。我们校长要利用手中政策制定，向这方面倾斜。听了两节课，感觉很好，一些理念基本上得到了落实。合作学习让每一个学生都参与，都在用自己的想法在尝试，各有特点。教学思想的变化带来教学行为的变化。还有就是导学案的研究，导学案"三导"——导读、导思、导问。良好的习惯借助导学案去培养。导问环节，在导学案最后留出一栏：请你提一个问题。山西的新绛中学，建立“互动卡”模式，每人写问题。真正的教学相长就是在这种环境中产生的。不要顾及问题简单，让学生长期锻炼，随着年龄、阅历、思考问题深度的增加，问题质量会越来越高，他的知识水平也在提高。不要把导学案变成测试题、练习册。我建议我们可以反正面印，可以节约纸张。有些东西值得推敲，要有取舍。我们今天的课很精彩，但过程中还有值得改进的地方。比如导学案问题的设计，就有很多可以再讨论后慎重精选。有些提问，不该提的也去讨论；有些探究问题没有意义放在课堂上讨论，没有探究的价值。一节课可能就两三个问题，这两三个问题一定要精心设计。新绛中学的教研活动，就是讨论每个老师备课时提出的问题，集体去挑，哪个可以用，讲清理由，大家一致认可才可以。在这方面改进一下，借鉴一下别人的优势之处。小组合作学习方式，就是要让“教师走下来，学生动起来，效果动起来”。如果提建议的话，就是要增强小组合作教学的有效性。今天我们的课就是让学生主动参与动起来，但是我依然观察到只有少部分学生动起来，多数学生还是没能参加。或者说前半段时间关注全部学生，后半部分可能就不再关注了。如果没有全面参与，很有可能就是采取的方式不当。组间竞争是对的，但是只有学习机会的竞争，而没有学习效果的竞争及参与度的竞争，还有竞争欠缺问题解决的完整性。语文题要给出一个定论，要指出谁的对、谁的错；谁的完整、谁的不全面。要给出学生一种正确的导向，回答问题方式的指向。开放式问题要打破定势思维，没有固定答案，但是有全面和不全面之分。要多角度去分析问题，这种能力是经过长时间锻炼的。每个人都发言，都促使他多角度思考问题。他说得快说得对，但可能不全面，集中生成小组共同结论，内化为小组共同的产物。我们今天的尝试有了形，但不太有效。小组合作学习已经被证明是有用有效的，但是前提必须是使用者正确使用，不要误操作，所以今天的探讨很有价值，希望借助这种形式经常不断地去深化研究，最好可以把每次讨论的结论和问题整理出来，结合课堂教学软硬件看能否落实解决。我对咱们中学更加充满信心，学校的未来一定会更加美好。

万众：听了刘主任的发言，相当受感动。我想讲一讲我们搞这个活动的构思和初衷。教育局对我校督导完，我们感受到这是一个很好的开头，我们要借助督导的东风，把我校的课改工作推进一步，“课改月推进活动”带动我们酝酿自己的东西，费了很大的人力、物力认真做研究，掀起了第二次的课改高潮。徐州近 30 年的教育，刘主任都在关注和参与，给我们做的专家指导非常难得，希望以后多来我校指导工作，多给我们提宝贵意见。再次对刘主任的讲座表示感谢！

徐州市第二十二中学教师“学习者联盟”
2016年9月

徐州市第二十二中学教师“学习者联盟”活动工作简报（第一期）

2016年3月5日下午，徐州市第二十二中学教师“学习者联盟”工作例会在三楼会议室召开。17位“学习者联盟”成员参加会议，万众校长提出课改的明确目标，并对实验站工作做出具体的安排和部署。

★ 课程建设的提出及意义

★ 课程思想

★ 课改路径

★“联盟”的工作方式及内容进程

1. 每两周围绕一个主题开一次研讨例会，集思广益，达成共识。
2. 理论学习，自学研修。
3. 专家指导。
4. 研讨课交流探究。
5. 网络研究，建立交流群，进行在线评课。
6. 学校相关政策支持。
7. 专人记录，并发工作简报。

★ 预期效果

1. 阶段质量进步明显。
2. 申请课题立项，集中打造校本科研精品。
3. 发表一批优秀论文或参赛作品。
4. 培养推出一批青年教师骨干和名师专家。

★ 任务作业

学习小组成员的构成和座位的摆放。

徐州市第二十二中学教师“学习者联盟”
2016年3月

徐州市第二十二中学教师“学习者联盟”活动工作简报(第二期)

2016年3月19日下午,徐州市第二十二中学教师“学习者联盟”在教研2室召开例会。会议讨论了小组成员的构成和小组的位置摆放问题;已经开展课改的老师介绍了自己的经验;小组活动过程中产生的问题、老师们关于小组学习的疑问都一一得到解答。会议始终围绕如何实现效率最大化、结构最优化的议题展开,老师们各抒己见,纷纷发表了自己的看法,提出了自己的对策和建议。会议完成预定任务,取得预期效果。会议由周宁校长主持,黄刘洋、孙敏老师请假。

★ 经验介绍

欧颖:根据A、B、C、D四个等级,分别是好、中等偏上、中等偏下和差四个层次,结合性别比例、兴趣爱好、学习水准、交往技能、守纪情况,分成6组,每组6人,分别编号。小组自由起名,自定口号,调动学生兴趣。

王冠军:以期中考试数学均分来分配,用“学生小组成绩认定法”来具体操作分组,1号为总结人,2号为记录员,3号为检查员,4号为仲裁员,5号为联络员,6号为观察员。

江颖颖:三个原则,一是男女相对均衡;二是保证每组有本学科相对优势学生;三是本着有利于师生交流原则,安排一个联络员。

王琪:试卷讲评根据正答率。小组提出问题自己讨论,讨论不出来交由其他组,再解决不了的交给老师讲。团队竞争意识增强,学习积极性提高。

李华南:语文古文较容易操作。分好小组后,同学间互相教授,每小组有编号,到黑板上默写,其他同学翻译。学生积极性很高。

赵云:结合导学案把内容分成模块,课前各组解决问题,课上解决好的问题不再重复,解决不了的问题全班讨论,最后以练习来达成巩固,检验小组合作学习效果。

★ 疑难困惑

张晓婷:学生存在无关学习讨论的问题,守纪可否作为总评时的扣分项目?

李华南:小组合作对基础好同学产生消极影响,学生容易形成单兵作战,不会相互合作。

王冠军:数学课堂教学中如何具体分配合作任务?

杨晓冬：分组如果较大，有的同学负责很多，部分人依赖性较强，贡献较小，如何根据情况必要调整变化？

杨斌：任务分下去，每次只有自己的任务，而可能会忽略其他组的内容。语法、词汇、写作、阅读教学，是否采取不同的学习模式？

★ 对策建议

耿玉凤：小组合作让学生意识到自己是学习的主体，恢复信心，再慢慢寻求成绩的提高。优生发挥正能量，积极影响差生，寻求优势互补。

陈继辉：数学例题讲前全班做一遍，下课由组长汇总上报重点，将课堂延伸到课前。比较适用复习课。

江颖颖：一组专门做第一题，专家讲解完再到各个小组讨论传授，形成一种“切拼法”。

欧颖：在课堂上通过小组合作，当堂检测和巩固练习。巩固是练习的强化，当堂检测属诊断性质。

耿玉凤：期中考试让学生分组列出考点，自主命题，学生一致通过后汇总形成试卷。

★ 归纳总结

周宁：

1. 组内异质，组间同质，根据不同需求和情况可做必要调整。

2. 性别、守纪、成绩都是分组的重要因素。

3. 人数一般控制在4～6人。

4. 角色可定期轮换，让每个学生的综合素质都得到提高。

5. 每个人不仅要完成各自角色承担的任务，还要体现小组内的社会责任，对小组做出贡献。

★ 思考问题

任务应如何设计？如何帮助学生学会怎样合作？（如何培养学生积极互助精神和习惯？应与任务设计紧密结合）

★ 其他

1. 会议决定13～14周8位教师进行小组合作学习研讨课。

2. 两本教材自学研修＋集体研讨。

3. 如需小组使用小黑板可向教务处提出申请。

备注 1：参考教材为《合作学习教学策略》《合作学习与课堂教学》。
备注 2：QQ 交流群号为 149012007。

徐州市第二十二中学教师"学习者联盟"
2016 年 3 月

四、个性化学习

学校委派参与课程的教师到省、市内外相关课程开展较好的兄弟学校进行有针对性的学习。学习交流期间，学校领导就学校文化建设、课程开发与管理，教师之间就课程开发与实施等方面的诸多问题与兄弟学校进行了深入的探讨和交流。

以上措施的落实和活动的开展，为课程的开发实施做好了"人"的准备。

第三节　课程设置

建构以"渗透综合实践活动的初中思想品德学科微课程""学科融合的综合实践活动课程""以社团活动、德育活动和社会实践为主的活动课程"为主要途径的课程体系。课程体系构建如图 4-2 所示。

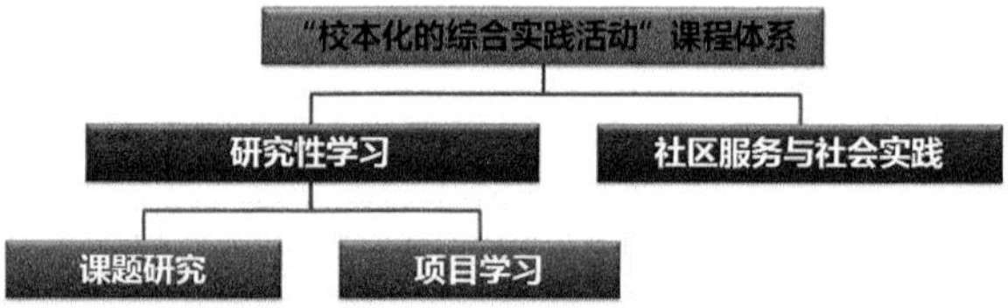

图 4-2　课程体系构建

一、课程开发的路径

在课程委员会委员们多次开会充分思想碰撞和头脑风暴的基础上，我们采取了这样一种课程设计开发的路径：

第一步，先由不同年级的老师把任务认领下去，在初中思想品德的课程教材体系当中深入研究、解读，找到适合采用研究性学习或者与社区服务和社会实践紧密联系的内容。

第二步，将这些内容与初中综合实践活动研究性学习选题范围相对照，找到两者之间的“交叉地带”，确定以这些领域和内容作为带领学生进行课题研究或项目学习的领域范畴。

第三步，将这些领域范畴反馈给学生，由学生根据各自的兴趣、特长、爱好及多元化的发展需求自主组成研究小组或项目团队，初步确定本组的选题。

第四步，教师根据学生实际情况对学生分组进行微调，对学生的自主选题给出整合或改进的建议。

第五步，确定选题，开始研究。

以下为学科组老师归纳、总结、整理的思想品德学科的研究性学习领域清单：（破折号前为知识标题，破折号后为例举可能的研究问题）

【七年级上】

1. 我是中学生了

我们的新集体＋第9课（众人划桨开大船：个人与集体、珍视集体团结）——探究打造理想新集体的方法和措施。

适应学校新生活——本班同学学校适应情况的调查。

2. 天生我材必有用

正确认识和评价自己——正确认识和评价自己的策略研究。

我自信 我能行——探究几种增强自信心的方法。

3. 知耻近乎勇

做人从知耻开始——探究耻辱感的产生、发展和意义。

立身需要自尊——探究中学生的虚荣心。

4. 人格不可辱

我们的姓名和名誉——探究姓名的来源；取名的方法和意义。

维护人格尊严——超市购物检查方式与消费者人格尊严权的维护。

5. 善于交往

学会尊重别人、授人玫瑰手留余香、让人三尺又何妨、相逢在花季——同学交往中的困惑及其应对方法；“己所不欲勿施于人”与个人修养；对青少年交友行为的反思。

6. 有朋自远方来

西方节日在中学生中受欢迎程度的调查；中学生对传统节日习俗的了解情况调查；探究中西方交往礼仪的不同。

7. 希望从这里开始

享有受教育的权利、履行受教育的义务——初中生辍学问题及其应对方法。

8. 学习新天地

学会自主学习、学会合作学习、学会探究——中学生课余生活和文化学习；优秀学习小组的创建方法。

9. 要“鱼”还是要“渔”

好方法 共同分享——学科学习方法个案分析。

好习惯 重在养成——好习惯养成策略分析。

【七年级下】

1. 人的生命只有一次

人类生命的独特性——孩子与父母的相貌对比研究。

人最宝贵的是生命，珍爱生命——本地动、植物多样性研究；周围环境对人的生命健康的影响。

2. 让人生更加灿烂

探索人生的真谛，过有意义的生活——中学生人生规划意识的调查研究。

3. 长大的感觉

感悟成长 呵护青春——零食对中学生健康的影响。

4. 成长不烦恼

消除烦恼 悦纳自己敞开心扉 学会沟通——初中生人际交往状况调查。

5. 多彩的情绪

情绪的多重世界，走进情感天地——初中生情感状况调查。

6. 与快乐相伴

做情绪的主人，让我们快乐起来——学习情绪与学习效率的情况调查。

7. 法律护我成长

学校与家庭的呵护，社会与司法的保障——影响未成年人成长的学校周边环境调研。

8. 护佑生命安康

依法享有生命健康权，关爱你我的生命健康——未成年人安全伤害事故的原因及对策。

9. 筑起“防火墙”

增强自我保护的意识和能力，依法进行自我保护——未成年人上网情况调研。

10. 不以规矩 难成方圆

社会公共生活需要秩序，维护社会公共秩序是我们的共同责任——城市堵车状况的调查研究。

11. 改革开放的新时代

举世瞩目的成就，推动社会进步的伟大变革——改革开放以来家乡变化情况调研。

12. 万众一起奔小康

全面发展的小康目标，共创美好的明天——社区居民文化生活状况的调查。

【八年级上】

1. 好习惯受用一生

习惯对人的影响、受益一生的习惯、培养好习惯——学习习惯与学习效率的情况调查。

2. 积极的生活态度

自己的事情自己干——初中生生活自理能力情况调查。

保持乐观的心态，向自己的目标迈进——学习目标确立的策略研究。

3. 与父母平等沟通

跨越代沟、克服逆反心理、有话好好说——初中生与父母沟通状况的调查。

4. 换个眼光看老师

了解我们的老师、理解我们的老师、尊敬我们的老师——初中师生关系状况调查。

5. 行为与后果

行为与后果的关系、对自己的行为负责、三思而后行。

6. 有肩就得挑担子

在责任中长大、不同身份不同责任、青春从这里起航。

7. 承诺的分量

生活中的承诺、承诺是金、学会承诺。

8. 对自己的一生负责

人生与责任、勇敢地承担责任、做一个负责任的公民。

9. 优良的意志品质

意志的特征、意志的力量、磨砺坚强的意志。

【八年级下】

1. 心中要有杆“秤”

追求公平、维护正义、明辨是非、为人正直。

2. 面对诱惑，学会说“不”

正确认识从众心理与好奇心——从众心理与学习状态的情况调查；好奇心与中学生健康成长的调查。

杜绝不良嗜好、抵制不良诱惑——初中生沾染不良嗜好的预防。

3. 多一点情趣，多一点高雅

学会休闲、培养情趣——中学生课外生活情况调查。

做个有教养的现代人——中学生行为准则与教养的养成。

4. 法律就在我们身边

法律是一种特殊的行为规范、法律与道德的关系、法律是我们的“保护伞”和“守护人”——中学生法律素养情况调查。

5. 神圣的宪法

宪法是国家的根本大法、我国公民的基本权利、我国公民的基本义务——宪法与中学生活的联系。

6. 消费者的合法权益受法律保护

消费者依法享有的合法权益、依法维护消费者权益、做个成熟的消费者——探究网络购物消费者权益被侵害情况。

7. 尊重别人隐私，维护合法权益

法律保护公民隐私、学会尊重他人隐私、保护自己隐私。

8. 民族情，民族魂

五十六个民族五十六朵花、五十六个民族是一家——徐州传统民族文化技艺及其传承状况调查。

中华民族的传统美德——初中生诚信状况调查。

弘扬中华民族精神。

9. 科教兴国

感受科技创新，感受教育创新。

10. 保护我们共有的家园

我国的人口问题、合理利用资源、保护环境——徐州采煤塌陷地综合治理成果的调研；徐州新能源汽车的开发使用状况调查。

（以上由欧颖老师归纳整理）

【九年级】

1. 成长在社会

(1) 感受社会变化

体验生活变化——调查十八大以来人民衣、食、住、用、行等生活变化。

(2) 关心社会发展

从关心时事做起——调查对时事政治的关注状况，了解时事政治的主要途径，评价国际国内重要新闻的方法，关心时事的重要意义，分析结论，就学生关心的时事提出建议。

(3) 学会亲近社会

不做“看客”——现实社会中对让人、对社会的冷漠和“看客”现象具体表现，分析结论，提出建议。

遵守社会公德——对社会公德的认知状况，不守公德、不讲文明对社会进步和个人成长的影响。

(4) 自觉服务社会——承担职责；参加志愿者服务活动，志愿服务活动的现状、问题、建议。

2. 弘扬中华文化

(1) 中华文化博大精深

说名字谈文化;中华文化知多少——中国特色家训文化对家风形成的影响。

(2) 增强民族文化认同感

你我共织中国结——徐州本地乡土文化发展现状,文化存在问题及其对策分析;非物质文化遗产传承(如徐州的香包、小孩酥、布老虎鞋等)。

3. 笑对生活

畅谈我们的学习——中学生成为学习的主人问题探究,知与行,终身学习。

4. 维护合法权利

了解监督权——公民对监督权的认知,行使监督权的途径和形式,公民行使监督权过程中存在的问题及对问题的对策研究。

走进新闻监督;正确行使监督权——中学生参与民主监督的形式和途径,如何做好国家的小主人。

5. 放飞理想,立志成才

交流成才目标;漫谈成才之路;畅想自己的未来——理想、升学和择业问题研究,如"我"的理想,20年后的"我",理想与幻想,如何正确对待考试,如何根据自身的特点选择职业等。

(以上由江颖颖老师归纳整理)

之后,我们又根据初中综合实践活动研究性学习的四大领域罗列了研究性学习的清单,研究性学习的范围十分广泛,大体上可分为人与自然、人与社会、人与自我三个方面。

(一) 人与自然关系的研究领域

(1) 土地资源的使用状况或问题,如农业开垦、城市用地、水土流失、沙漠化、盐碱化等。

(2) 水资源现状或问题,如水资源的地区分布、江河的污染、废水处理等。

(3) 气候状况及空气污染问题,如各国及本地区的气候类型、温室效应、水灾或旱灾、酸雨、臭氧层的破坏、工厂或机动车的废气排放等。

(4) 能源问题,如传统能源、可再生能源、人造能源等。

(5) 植物和动物的生存状况及保护研究,如原始森林的情况、地区植被和绿化、动植物的多样性与生物圈的关系、珍稀野生动植物的濒临灭绝现状及保护问题等。

(6) 各种污染问题及处理,如噪声污染、光污染、垃圾污染及核污染等。

(二) 人与社会关系的研究领域

(1) 社会或社区的人文历史地理状况,如祖国的面积和人口、故乡的物产分布等。

(2) 一个国家、民族或地区的历史研究,如壮族的由来、故乡的风土人情等。

(3) 地区或社区的经济产业研究,如家乡的农业、工业和第三产业概况等。

(4) 政治生活和法律问题的研究,如村民选举的公正性、妇女与儿童的权利保障、消费者的权益保障等。

(5) 人口增长、控制与计划生育问题。

(6) 城市化问题,如住房问题、失业和就业问题等。

(7) 交通的现状及问题。

(8) 社会福利与保障体系的建立及发展的研究,如税收问题、保险业研究、城市贫困居民最低生活保障等。

(9) 对弱势群体的关心与援助,如关心与帮助残疾人、老年人等。

(10) 家庭问题研究。

(11) 人类健康和疾病研究,如饮食与营养、疾病传播、身体锻炼和心理保健等。

(三) 人与自我关系的研究领域

(1) 对自己的研究,如"我"是谁,"我"的气质、性格和能力,

“我”在别人心目中的形象，“我”该如何与别人相处等。

(2) 对他人的了解和研究。

(3) 个人成长经历的专题回顾，如小学六年或初中三年“我”所走过的道路，“我”的生活环境对“我”的熏陶，“我”的父母、师长及伙伴对“我”的影响等。

(4) 理想、升学和择业问题研究，如“我”的理想，20 年后的“我”，理想与幻想，如何正确对待考试，如何根据自身的特点选择职业等。

(5) 榜样、名人或偶像研究。

(6) 个人身体、饮食、营养、健康、闲暇和消费行为研究等。

二、课程的设置

在对思想品德课程内容中适合实施综合实践活动学习的部分与综合实践活动研究性学习的研究领域进行深入比对分析后我们发现，其实研究性学习“人与自然”“人与社会”“人与自我”这三个方面研究领域中，“人与社会”“人与自我”的领域内容都与思想品德课程学习内容密切相关。由此，我们在二者之间寻找“交叉地带”，并在学生的启发之下开发出了“课题研究”“项目学习”“社会服务与社会实践”和“广义综合实践活动”四个课程群，如图 4-3 所示。不仅如此，我们还针对初中生核心素养的培养，有目的、有意识地开发出一系列课程，旨在探索一条核心素养培养在初中一线实践中落地的路径。

除此以外，为丰富学生在校生活，增强学生生活体验，提升学生幸福感，我们结合综合实践活动课程的开设还进一步完善了学校德育等各类集体活动性课程，这些课程的开设成为“基于思想品德学习内容的校本化综合实践活动课程”必要而有益的补充。

教务处将课程正式排进课表，七、八年级每班周课时两节，九年级每班周课时一节；学生社团活动每周一课时；双休日和假期里的社区服务与社会实践、研学则由指导教师自主安排并在教务处报

课程类型		具体分类	主题	核心素养目标指向
研究性学习	课题研究	探究类	认识一个全面的“我” 初中生理财状况调查 初中生的异性交往 食品营养与卫生 初中生学习习惯调查 ……	珍爱生命 健全人格 自我管理 勇于探究
		体验类	校园环境对初中生性格形成的影响 初中生社会公德情况调查 ……	人文积淀 人文情怀 审美情趣 社会责任 国家认同
		创新类	校园生物状况调查 徐州新能源汽车应用状况调查 ……	理性思维 批判质疑 勇于探究 乐学善学 勤于反思 信息意识 问题解决 技术运用

课程类型	主题	核心素养目标指向
社区服务与社会实践	走进“徐工” 气象台探秘 走进植物世界 敬老尊老我传承 社区志愿者 “研学”旅行 徐州“汉文化”探源 牢固红色记忆，不忘革命传统 ……	人文积淀 人文情怀 审美情趣 自我管理 问题解决 技术运用

课程类型		具体分类	主题	核心素养目标指向
研究性学习	项目学习	个性特长类	文学作品创作 走进非洲鼓 徒手画 Flash MTV制作 小小时装班 音乐作品创作 公民教育实践 戏剧表演 ……	人文情怀 审美情趣 问题解决 技术运用 人格健全 自我管理 社会责任
		创新探究类	创意工程建造 设计制作机械模型 学画校园平面图 旅游英语应用 花卉、蔬菜栽培 航模制作与操控 手工制作 ……	信息意识 国际理解 劳动意识 问题解决 技术运用

图 4-3　课程的设置

备。任课教师认真进行教学设计，指导带领学生了解课程性质和内容、组织研究性学习小组、选择适切的课题、制订研究计划、开展研究活动、展示研究成果。在课题研究过程中，教师根据学生的研究情况和研究进度，适时地对学生进行指导，传授研究方法，矫正研究偏差。

第四节 课程的实施

我们把加强教师指导、关注活动的过程、及时聚焦学生的活动过程、注重实施的实效作为课程实施中的重点，强调在实施中整合思想品德学科内容与综合实践活动的学习方式，在学生亲身动手实践和亲自体验中获得知识，升华情感，活动过程中更加突出学生的自主性。

一、准备阶段

教师在整合思想品德课程内容资源与综合实践活动研究性学习领域之后，为学生研究提供一个大致的范围。学生在教师的指导下提出问题，自主选择研究性学习活动的主题、项目或课题；根据不同学生的兴趣爱好、特长和发展需求自主组建活动小组，教师根据对学生情况的了解（如人数、性别、性格、特长等）对学生的自主分组进行适当调整；指导学生填写相关表格，制订活动方案，做好必要的活动条件准备。

在这一阶段最重要的是教师要引导学生发现问题、提出问题，培养学生的问题意识和能力；在组建活动小组的过程中，引导学生充分认识自我，培养学生的合作价值观与合作方法；在制订活动方案时，要注意引导学生组织计划的意识和能力。

二、实施阶段

在活动实施阶段，教师有意识地引导学生搜集、整理、筛选、分析、利用各种有用和有效信息，跟踪指导学生开展活动的全过程，辅导每个学生积极参与活动的全过程。特别要关注对参与研究积极性不高、参与度不够的学生，必要时甚至要加强对这一类同学一对一的专门指导。

在实施过程中，教师还要注意对学生进行常用研究方法的指导，帮助学生顺利地将活动开展下去。

1. 文献法

文献法就是搜集和分析研究各种现存的有关文献资料，从中选取信息，以达到某种调查研究目的的方法。它所要解决的是如何在浩如烟海的文献群中选取适用于课题的资料，并对这些资料做出恰当分析和使用。教师要注意的是，指导学生通过不同的渠道和途径查阅各种文献资料，如图书馆、阅览室、书店、网络等。我们在实施过程中发现学生作为“E时代的原住民”更加喜爱使用网络检索的方式搜集资料。这种方法有利有弊，教师要适当对学生进行引导，使学生正视网络信息的真实性，也要做必要的原始文献检索。

2. 访谈法

访谈法又称采访法、晤谈法，是指通过采访员和受访人面对面地交谈来了解受访人的心理和行为的心理学基本研究方法。访谈法运用面广，具有收集多方面的工作分析资料简便的优点。教师在进行方法指导时需要注意：在访谈准备阶段引导学生恰当选择并联系访谈对象，能根据受访者的综合背景因素，设计针对性较强的访谈问题；在访谈实施阶段要培养学生能够独立开展访谈活动，冷静应对一些突发事件，并灵活运用已掌握的访谈技巧；在访谈整理阶段帮助学生筛选有效访谈信息，独立完成较有深度的访谈报告，客观提炼受访者观点及其陈述的相关理由，得出访谈结论。

3. 问卷调查法

这是一种用书面形式间接搜集研究材料的一种调查手段，是通过向调查者发出简明扼要的征询单（表），请示填写对有关问题的意见和建议来间接获得材料和信息的一种方法。教师在进行问卷调查指导时引导学生在问卷设计阶段能够设计格式正确、结构合理、逻辑清晰的调查问卷；在问卷分发的调查阶段能够独立完成调查任务，并尝试网络调查等新型调查方式；在问卷调查结果的整理分析阶段能从各种调查结果中归纳出解决问题的重要思路或观点，选择合适的方式呈现调查的结果，写出有一定质量和深度的调查报告。

4. 实验法

实验法是研究者有意改变或设计的社会过程中了解研究对象的外显行为。实验法的依据是自然和社会中现象和现象之间普遍存在着的一种因果关系。教师在学生采用实验法的过程中要注意指导学生能根据研究需要，合理选择实验方式，自主确定变量，控制实验条件，初步设计一些可控性实验；在采集实验数据时要及时、准确记录实验数据，并统计、分析、对比、归纳、整理数据信息；最后还要指导学生书写格式规范的实验报告。

5. 观察法

观察法是指研究者根据一定的研究目的、研究提纲或观察表，用自己的感官和辅助工具去直接观察被研究对象，从而获得资料的一种方法。教师在指导学生运用观察法的过程中要注意帮助学生区分自然观察法、设计观察法、掩饰观察法、机器观察法等方法，并学会根据不同的研究需要正确选择不同的观察方法；在观察之前要指导学生制订好观察计划，包括观察地点、对象，列出观察内容和观察时间；在按照观察计划完成观察行为以后，还要分析、整理观察结果，得出适当的结论。

三、交流、总结阶段

综合实践活动的交流、总结与评价阶段是活动的价值升华阶段，在这一过程中教师要注意引导学生对整个活动的过程、结果、方法、经验、体会甚至情感、态度、价值观等方面进行全面的总结、交流与反思，形成对问题的基本看法，提炼问题解决的基本经验。

活动成果的呈现方式也是多元化的，可以以口头展示的形式出现，可以以书面报告的形式出现，可以以图片、视频的形式出现，可以以课件的形式出现，也可以设计较为复杂的综合性活动将多种呈现方式融合在一起。在交流总结过程中，教师要注意引导学生通过活动总结与交流，获取知识，深化体验，提高自己的沟通表达能力、概括提炼的思维能力、自我反思能力，发展实践创新能力及形成良好的情感态度和价值观。

第五节　学习方式的建构

自 2013 年年底徐州市实施“学讲”教学方式改革以来，学校通过开展培训、赛课、巡课、教师课改论坛以及集体教研等活动，促使教师的“教”与学生的“学”方式发生改变。部分学科的“学讲”课堂教学基本范式已形成，学生成绩进步显著。学校目前是徐州市学讲计划推进先进学校和江苏师大学讲实验项目学校，有较好的交流学习平台。以上种种在教师教学方式转变方面所做的工作，都为学校开展综合实践活动研究性学习奠定了良好的基础。

随着课程即将实施，政治学科组的老师们加强了对课堂及课外指导学生进行研究性学习及其他类综合实践活动学习方式的研究。针对综合实践活动的几大领域，分别总结梳理了适当的学习方式。

一、课题研究

研究性学习的“课题研究”课程，相对应的基本教学方式（学习方式）和流程（图 4-4）如下：

（1）教师圈定研究课题的领域和范围，引导学生在此范围内根据兴趣、特长、爱好或者发展需求选择具体的问题，生成课题。

（2）学生自由分组，“志同道合”或“脾气相投”的学生组成同一课题研究小组。教师再综合参考组内人数、性别比例、性格特征、特点特长等因素对学生自然分组情况进行调整，要保证以上各方面因素的基本平衡。根据我们的经验，每组以 6～8 人左右为宜，既有利于学生思维的互相碰撞、集思广益，也较为便于统一思想认识，达成一致，同时也兼顾了在课堂进行指导或汇报展示时的

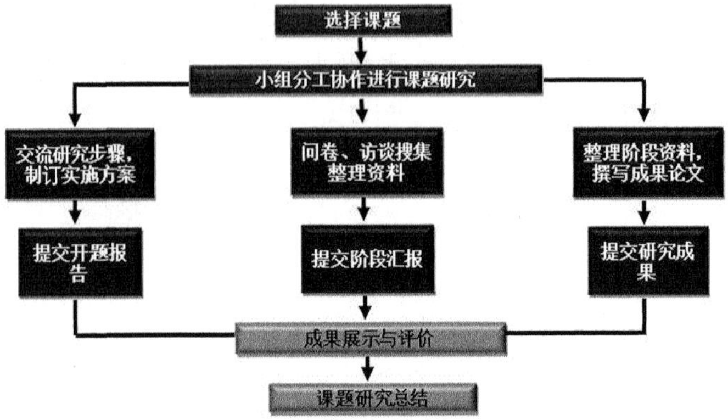

图 4-4　课题研究流程模型图

时间管理与统筹。

（3）小组内进行分工合作，这一工作原则上由学生自主完成，但指导教师也要及时跟进，对不适宜的情况进行调整。分工时可综合考虑以下因素：

① 学生的性别。通常女生较为细致，可负责文献整理、数据统计等案头工作；男生负责跑腿打杂、对外交流等工作。

② 性格特征。较为腼腆、内向、细致的学生负责文案工作；外向、善于沟通交流的同学负责外联工作。

③ 特点特长。组织管理能力强的同学负责全组的领导组织工作；文字表达能力强的同学负责执笔拟订计划、方案、报告等文字工作；口头表达能力强的同学负责采访、交流、沟通、展示、汇报等方面的工作。

（4）交流研究步骤，制订研究方案。完成选题之后，学生以研究小组为单位开始撰写课题开题报告，制订研究计划和实施方案，此时由教师提供统一的研究计划表格，指导学生规范、有序填写。我们使用的表格格式如下：

研究性学习课题开题报告表

选题方向		课题名称		导师	
小组成员		组长		班级	
研究背景(课题是如何提出来的)					
课题的目的与意义					
研究内容					
研究相关课程					
研究分工					

研究性学习课题研究计划

选题方向		课题名称		导师	
小组成员		组长		班级	
研究方法与步骤					
1. 资料收集阶段					
2. 实践调查阶段					

续表

3. 整理讨论阶段	

研究所需条件

预期成果（论文、调研报告、制作模型、实验报告等）

表达形式（文字、图片、实物、视频资料、软件等）

时间安排：预计需　周时间完成。

开题时间	年　月　日	结题时间	年　月　日
具体安排	第　周～第　周		
	第　周～第　周		
	第　周～第　周		
	第　周～第　周		
	第　周～第　周		
	第　周～第　周		

(5) 教师指导方法，综合研究调查。教师在课堂内时间对学生进行各种调查研究方法的指导，如文献法、观察法、采访法、问卷调查法、实验法等，帮助学生充分利用好研究工具，以利于研究活动的开展。

(6) 提交阶段汇报，适时交流小结。通常课题研究的几个阶段，研究小组都要进行阶段性的小结，提交阶段性报告。在最初的文献调查阶段，学生要按照完成情况填写下表：

研究性学习资料查阅记录表

选题方向		课题名称		导师	
小组成员		组长		班级	
查阅方式(图书馆、报刊、书籍、杂志、网络等)					

记录内容		出处(书名、页码、网址等)	
记录者		记录时间	

在课题研究的中期，小组应撰写课题中期报告，对研究的阶段性成果进行梳理，对有待解决的问题进行反思，并拿出具体措施。

研究性学习课题中期报告表

选题方向		课题名称		导师	
小组成员		组长		班级	
研究主要过程和活动					
本研究的特点					
研究获得的材料（名称）					
研究的阶段成果分析					
待解决问题					
各成员发挥的作用					
附件说明（论文、调查报告、实证材料等）					

在课题完成的最终阶段，课题组要撰写并提交课题结题报告，对课题研究的过程和主要研究活动进行描述，对此项研究的特点进行总结，对研究结果进行分析。

研究性学习课题结题报告表

选题方向		课题名称		导师	
小组成员		组长		班级	
研究主要过程和活动					
本研究的特点					
研究获得的材料（名称）					
研究结果分析					
成果形式					
待解决问题					
各成员发挥的作用					
附件说明（论文、调查报告、实证材料等）					

需要指出的是，课题阶段性成果获最终成果的呈现方式也是多样化的，除了提交书面报告之外，还应通过图片、视频、课件等形式请研究小组进行口头汇报和展示。此外，也可通过更加开放的形式，如走到校园、走上街头宣传，成果发布会等，以取得更加良好的效果。

二、项目学习

项目学习是被动学习之外的一种学习方式。这种学习方式由老师给出问题，然后由学生组成项目团队来解决。在项目学习当中，学生不需要机械记忆、背诵“死”的知识点，不以知识学习为唯一目的。老师为学生准备和提供给他们在学习过程中不断探索、实验、证明各种知识、概念、原理时所需的方法、材料、资源。在项目学习中，学生从被动学习者变成了主动的学习者，学习动机和兴趣大大加强，这就为良好学习效果的取得打下了基础。与此同时，学生的思维能力、动手实践能力以及创新精神得到培养和提高。教师要做的是指导学生的项目团队制订完善的计划和培养一个可以开展团队协作的良好氛围环境。

我们根据项目学习的特点和本校学生的实际情况总结了项目学习的基本流程模型(图 4-5)。

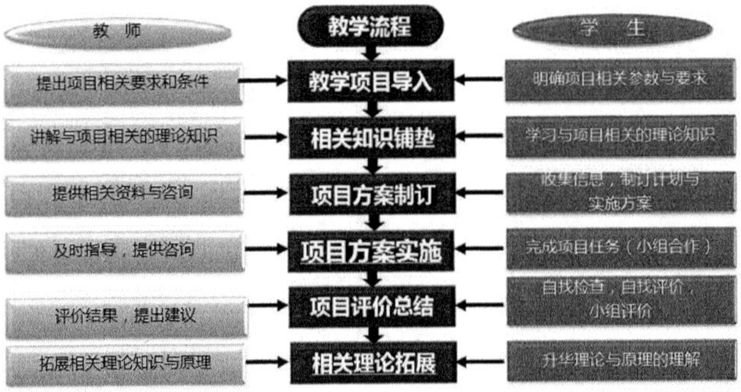

图 4-5　项目学习流程模型图

（一）项目导入阶段

教师划定项目范畴或直接指定项目内容，提出项目的相关要求和条件，学生项目团队在教师指导下明确项目相关参数与要求。

（二）知识准备阶段

任何项目的目标达成都离不开项目相关的知识储备作为基础。在这一阶段，教师负责讲解与项目相关的理论知识供学生学习，学生在教师指导下对完成项目所需的理论知识进行系统学习与掌握。

（三）方案制订阶段

这一阶段学生进行文献查找与咨询，寻找、筛选与项目相关的背景材料，同时在项目组内通过共同研讨和协商制订出项目实施计划方案。教师在本阶段发挥的作用是密切关注各项目组的进展情况，对学生制订的方案给予必要的指导和咨询。

（四）项目实施阶段

学生在项目组内协调分工，密切合作，按照计划方案的步骤有组织地开始项目实施，完成项目的目标任务。教师在这一过程中要加强对各项目组的巡视指导，及时发现学生实施中存在的困难与问题并协助解决。

（五）评价总结阶段

项目目标任务完成后，教师要组织各项目组对成果进行展示，展示形式可以是多样化的。此时，教师、学生、专家乃至家长等各种资源都可以被利用起来作为评价项目成果的评委。对成果进行评价的同时还应给出改进的意见和建议，项目组成员则根据专家建议进行自我检查、自我修正，完善项目成果。

（六）理论拓展阶段

教师结合项目组的成果对项目相关的理论知识与原理进行深入拓展，学生则结合自己在项目研究中的体验进一步升华对理论与原理的理解。

三、社区服务与社会实践

社区服务与社会实践是指学生在教师的指导下，超越单一的教室空间，参与社区和社会实践活动，以获得直接经验、发展实践能力、培养社会服务意识、增强公民责任感为主旨的学习领域。我校开展社区服务与社会实践的时间较早，早在2013年就已经开始有计划、有组织、有步骤地实施了。

（一）开发以社区为服务对象的公益性活动

自2013年以来，我们专门设计了帮助敬老院孤寡老人、探访社会福利院孤儿和特殊教育学校残障儿童等以社区服务为主的公益性活动。因为社区服务属于志愿活动或带有义工性质的活动，学生以服务者的身份参与到服务社区的各项活动中，可以多方面体验并深度认知服务对象。特别是通过接触了解老弱病残及其他社会困难群体，深切体会到社会上还有许多迫切需要帮助的人群，并通过自身的努力为社区提供有意义的服务，由此增强对他人、社区乃至整个社会的服务和责任意识。考虑到初中生所处的年龄阶段特点，我们选取的多是既保障学生人身安全，又是学生力所能及的社区活动，如照顾孤寡老人日常生活、为残障儿童文艺表演、为孤儿辅导功课等。

（二）因地制宜地开发社会考察体验性活动

徐州是一座历史文化名城，是汉文化的发源地，全城遍布博物馆和历史文化古迹，在江苏省素有“南秀北雄”之称。同时徐州还位于苏鲁豫皖四省交界处，是京沪铁路和陇海铁路的交叉点，是全国重要的交通枢纽。正因为有着重要的地理位置，所以自古以来徐州就是“四战之地”，发生过许多大大小小的战争、战斗，徐州遗存着诸多战争相关的历史古迹。徐州还是淮海经济区中心城市和老工业基地，现有徐工集团等大型国有企业。以上条件都为学校开发社会考察活动提供了丰富的社会资源。我们组织学生参观、考察、访问徐州博物馆、淮海战役烈士纪念塔、徐州气象台、徐州植物园、龟山汉墓、项羽戏马台、九里山、徐工集团等历史文化古迹和厂矿企业。引导他们对社会现象进行观察思考，通过考察开阔视野和思路，是社会体验性活动的基本活动方式。

以上活动的开展，我们遵循的是严格按照课程设计程序进行的原则。在活动开始前，教师要设定活动目标并明确告知学生；指导学生提前“备课”，搜集整理活动相关的专业知识和背景材料；活动中辅导学生明确分工，根据目标完成参观访问的笔记或视频、照片；活动回来之后还要指导学生完成考察报告，总结心得体会。

几年来，学校经过对活动经验教训的不断总结，去粗取精，对不易操作或价值意义不大的内容进行不断淘汰筛选，充分考虑到服务项目或实践内容的重复利用，做到成熟一个项目保留一个项目，避免了年年挖掘不同内容、耗时耗力的实施做法。同时也逐步形成了活动内容系列化、系统化和彰显了学校办学特色。

四、非指定领域的综合实践活动

综合实践活动的非指定领域内容主要包括学校的社团活动、班团队活动、节日活动以及其他的传统活动等。

（一）长期坚持并不断丰富的社团活动为学生打造了展示自我的平台

学生社团是一种非常接地气并广受学生欢迎的特殊课程形式。我们的学生社团主要分为两大类：一类是完全由学生自主开发、自主实施的“自主社团”；一类是学生在教师的指导下进行有意义学习的“教师指导社团”。我校社团活动所采取的路径是：每学期初，在学校团委、学生会和相关学科教师的组织和指导下，学生自主上报社团主题。学校组织由教师、学生、家长甚至校外专家组成的评审委员会对选题进行初步筛选。进入复选的个人或团队需要准备 10 分钟的答辩汇报，并回答评审委员的提问，以此最终确定入选的社团。接下来是社团“招新”，各社团的“创社元老”需要制作海报、PPT，组织现场活动展示，把本社团的主旨、内容、活动方式、价值意义向其他同学做出说明，在此基础上学生自主报名。几年来，我们先后开设了“魔界梵音”音乐社、“巧手”手工社、文学社、“ROCK YOU”摇滚社、“青春律动”街舞社、“大唐风韵”茶道社、航模社、相声社、“雷雨”戏剧社、模拟联合国、模拟法庭等十余个社团。这些社团的活动，使得学生更加热爱学校，丰富了孩子们的生活，培养了兴趣特长和各方面综合素质与能力，为他们的长远发展奠定了基础。

徐州市第二十二中学社团活动方案

一、社团指导思想

为实施素质教育，激发学生潜能，拓展学生特长，提升学生素养，培养学生自主创新意识，丰富校园文化生活，增进学生身心健康，我校决定开展各类社团活动，以社团活动为载体，促进学校素质教育的深入开展。

二、社团活动类别

根据我校学生实际情况及自身的才艺特长，拟订以下类别社团：

1. 书画社

具备一定的软笔、硬笔书写功底和对书法有浓厚的兴趣和爱好，并积极乐意为集体服务。具备一定的绘画功底，富有丰富的想象力与创造力，能创作出新奇优秀的作品。

2. 音乐社

具备一定的表演与歌唱功底，以及多才多艺，能够为校园文化生活提供丰富的文艺活动。

3. 毽球社

具备强健有力的体魄，具有擅长的专项或多项技能，并能参与以及开展各种形式的体育活动。

4. 手工社

喜爱手工制作，具备一定的手工制作功底，富有丰富的想象力与创造力。

三、社团组建及管理要求

(1) 学生社团必须自觉服从学校的领导和管理，社团活动必须围绕学生综合发展、全面成才的目标和学校的中心工作开展，必须有利于促进学生德、智、体、美全面发展。

(2) 每学期开学初，校社团要积极做好新成员的发展工作，并对社团干部进行调整充实。各社团必须有确定的社长及社团成员，社团人数在 15 人以上，方可设团。

(3) 社团活动要做到有计划、有安排、有总结。每学期工作计划、活动开展情况、工作总结、照片材料要及时报校团委备案。学生社团除按自己的计划活动外，应接受学校统一策划的大型活动安排，承担相关义务。社团必须在每学期末进行一次校内成果交流展示。

(4) 社团要有具体的活动时间，可安排在每周五下午三节课以后。社团要有固定场所进行培训、活动，活动内容及活动期间要注意安全，保持活动场地清洁，不得损坏学校设施，不得违反学校规章制度，避免造成不良影响。

(5) 学校成立社团管理中心，根据教师的特长，安排相关教师具体指导相应的学生社团，指导教师要精心设计活动。指导教师负责做好活动期间的安全教育工作，做好学生的考勤工作。指导老师的待遇问题由学校统一考虑，统筹安排。

徐州市第二十二中学团委

2016 年 3 月

（二）经新课程理念改造后的传统活动

学校的传统活动因为历史悠久，其体现的教育理念有的已经比较陈旧，某些活动出现模式化、形式化的倾向，活动的组织实施不太注重学生的兴趣和主体参与等。为此，我们根据《江苏省初中义务教育综合实践活动课程指导纲要》，运用综合实践活动的理念，就通过主题贯穿提升活动深度、增加充满时代气息的内容、注重学生的主动策划和参与、加强活动的探究性以及注重对活动进行评价反思和完善等几个方面，将学校的传统活动改造、整合成为综合实践活动课程实施的内容。以下是我们根据《江苏省义务教育综合实践活动课程标准》(2014 年)中学校传统活动改造的示例进行的校本化改造。

学校传统活动的改造一览表

学校传统活动		改造后的主题综合实践活动
常规活动(如国旗下讲话、开学典礼、青春仪式、毕业典礼、春游、秋游、家长会等)		我是小小升旗手、14 岁我穿过“青春门”、我的毕业典礼我设计、带着课题去春游(秋游)、别开生面的家长会
班团队活动		走近“汉代三绝”、我是校园环境保护者、我是爱心小天使
节日活动		走进重阳、春节习俗的研究、中秋月饼的制作、传统节日的研究、设计我们自己的节日
艺术节活动		我是小小艺术家、世界经典诗歌朗诵会、世界经典影片展播、世界名画临摹比赛、世界知识状元榜、挑战双语主持人擂台
体育节活动		班级趣味运动会的组织与策划、国际奥林匹克运动会、世界民族运动会、五洲城市运动会、制订我的健身计划、运动健康的研究
科技节活动		我身边的小发明、多功能课桌的设计与制作
读书节活动		中小学生阅读现状的调查研究、图书漂流创意活动设计
学生社团活动		影视文化研究、走进动漫、创意广告的欣赏与设计、微电影的制作、学生出版社的运作
主题教育活动	环保教育活动	低碳达人、水污染的研究、PM2.5 的测量与研究
	安全教育活动	地震的危害与防范、校园安全你我他、交通安全问题研究、安全知识小擂台
	禁毒教育活动	毒品的危害、远离毒品社区宣传活动
	心理健康教育活动	学生心理健康现状调查、“优点大轰炸”、做自信的我、做情绪的主人
各种社会实践活动	社会体验类活动	军事知识我知道、现代兵器研究
	参观考察类活动	考察垃圾发电站、家乡特色文化的研究
	社会服务类活动	交通文明伴我行宣传活动、社区爱心义卖活动的策划组织

以主题班会课程为例。主题班会一直是我校具有特色的教育活动阵地,学校根据不同年龄、不同阶段学生不同的发展需求,基于学情,为我校学生量身定做了成体系的主题班会课程内容。

1. 安全教育系列课程

本系列课程按照初中生身心发展特点,以保护学生生命与财产安全为目的,教育学生提高防范意识,掌握自救方法,保护自我生命和财产安全。例如,如何正确认识校园欺凌、怎样正确面对和处理校园暴力事件等。

2. 文明礼仪系列课程

本系列课程围绕社会主义核心价值观当中"八礼四仪"的要求及"立德树人"中学生核心素养的人文精神目标制订。文明礼仪习惯养成是初中生最基础、最重要的核心素养的重要表现之一。

3. 爱国主义教育系列课程

爱国主义教育是中学生思想教育的一个重要组成部分。我校针对初中生思想特点,结合本地域丰富的爱国主义教育资源,经常性、成体系地开展爱国主义教育活动。例如,清明节祭扫淮海战役烈士纪念塔、"九一八"勿忘国耻、我的爱国宣言等。

4. 学习习惯养成系列课程

学生在校的主要任务是学习。在关注学生良好品格教育的同时,我们也把支撑学生长期、可持续发展的良好学习习惯和促进学生终身学习能力的培养放在重要位置,开发了系列学习习惯养成与学习方法指导主题课程。

这些活动的开发与改造,避免了学校德育等活动"穿新鞋、走老路"的尴尬局面,进一步激发了学生的参与热情,获得了传统活动所不具备的意外效果和收获。

第五章　课程的载体
——“学习者联盟”建设

曾经有一位专家做过这样的比喻：“如果教学方式是河道，那么课程内容就是河流。在新课改当中，只有课程、教学双管齐下，才能奔涌出浩浩汤汤的河流。”这一比喻既生动有趣又一针见血，把课程与教学的关系形象地展现在人们面前。在我校实施开展“基于思想品德学习内容的综合实践活动课程”探索与实践的同时，我们也遇到一个问题：如何才能更好地组织学生有效参与到课程活动中来，甚至主动成为课程的主人。结合前些年我们在课堂教学方式转变方面做的一些工作及积累的一点经验，我们下决心做好学生的学习组织机构——“学习者联盟”的建设，作为课程的有效载体。

第一节　“学习者联盟”建设的基础状况与内涵

一、多年来的课堂教学改革积淀

2013 年 12 月 26 日，徐州市教育局下发文件，在全市范围内开展“学进去、讲出来”课堂教学方式的改革。本次课改本着“行政推动、全面推进、科学推广”的原则，很快在全市基础教育领域掀起了一股转变课堂教学方式的热潮。

学讲方式是以学生自主学习作为主要学习方式，以合作学习作为主要教学组织形式，以“学进去、讲出来”作为学生学习方式的导向和学习目标达成的基本要求的课堂教学方式。

学讲方式主要通过教师指导下的全程自主学习，落实学生学习的主体地位，以自主学、合作学、质疑学、“讲出来”和“教别人”的学习方式，边学边讲，调动学生主动、自主学习的积极性，提高学生课堂教学的参与度、问题探讨的深度，着力培训学习方法，养成学习习惯，提高学生的自学能力，从而提高教学的有效性和质量。

作为教学方式，“学进去”是指通过自主学、合作学、质疑学等学习方式，调动学的积极性，强调的是达成“学进去”的结果；“讲出来”是指通过同伴互助的“做、讲、练、教”方式，用所学的知识帮助同伴解疑释难、解决问题，强调的是在“讲出来”和“教别人”的过程中，达成复习、强化所学知识，发展自身综合素质的结果。

从教学过程看，“学进去”是“讲出来”的基础，“讲出来”是“学进去”的动机和结果。

推进学讲方式应用的价值与意义在于：改善课堂教学生态，使学生学习变得更加主动、有趣、活泼，使教学活动更有目的性、针对性、实效性，使老师的教和学生的学变得更有成效，更具教育和生活的意义，实现教育本质的回归。

在徐州市推进学讲课堂教学改革的几年中，学校认真开展了培训、赛课、巡课、教师课改论坛以及集体教研等活动，共巡课12 093节、开设学讲研讨课和升格课 284 节、赛课 181 节，开展主题式教研 120 余次，教研活动 117 小时。在这样一种课改氛围的熏陶下，教师的教学方式在理念上明显得到转变。部分教师的学讲课堂已形成，学生成绩进步突显。而且，学校还被徐州市教研室选择加入江苏师大学讲实验项目和教育部课程与教材中心课改实验学校，并与江苏师范大学“江苏省教育大数据信息与工程中心”合作开发教学信息化项目。以上种种都为校本课程建设提供了更好的交流学习平台。

二、学校领导高度重视，省市专家亲自指导

学校领导对课堂教学方式转变和合作学习小组建设、运行与评价等问题高度重视，一把手校长亲自参与“学习者联盟”的设计、开发，大力推进符合思想品德综合实践活动课程组织结构的建设。教师团队上下一心，志在通过课程改革实现学校质的飞跃。

市教研室对我校的课程改革等工作非常重视，市教研室程廷伟副主任在我校挂职教科研校长，亲临一线指导学校各项教育教学工作；市综合实践活动教研员陆荣老师经常到我校调研听课、指导工作，在学校策划建设“学习者联盟”的过程中，陆老师深度参与，亲自谋划，为“学习者联盟”的顺利“降生”创造了条件。江苏省教研室课程教研员，同时也是综合实践活动教研员万伟博士，省教育科学研究院基础教育研究所徐兆兰教授等专家也都对学校发展十分关心，为“联盟”建设提出了高屋建瓴且十分中肯的意见、建议。

2017年，市教研室质量监测中心经过认真考察，决定以我校为实验点，分析研究课程改革对教育教学质量的影响情况。同时也确定我校为徐州市初中综合实践活动课程基地。

为此，学校根据师资力量较弱的实际情况，进一步加大了课改力度，建设“学习者联盟”课程，训练学生强大的自主学习、自我管理能力，使得学生在与自然、与社会、与他人的实践学习中，通过“学习者联盟”建设各级学习型组织。

三、学生发展中存在的问题

在充分调研的基础上，我们对学生学业状况、行为习惯、家长支持等三个方面展开分析，梳理了以下问题：

1. 学业状况方面

(1) 在学生所学知识的掌握程度上，28.7%的学生对简单的基础知识还不能有效地掌握，学生仍然缺少大量的表达、推理、迁移等能力，知识学得不透彻。

(2) 在学习能力上，学生课外主动获取知识的能力较差，知识面窄，思维的广度、深度不够。

(3) 在学习态度上，88.2%的学生课堂上能全神贯注，较积极地投入到学习中去，但参与热情还不够；部分学生作业完成的质量打折扣，少数学生需要教师督促。

(4) 在学习习惯上，整体状况还不理想，预习的习惯、进行总结的习惯、主动纠正错误的习惯，38.3%的学生还未养成。

因此，学生表达、推理、迁移等能力的培养，知识面的拓展，学习参与热情的激发，良好习惯的养成，以及实践能力和创新思维能力的培养，亟待于学校相关项目的开发和渗透。

2. 品德与行为习惯方面

(1) 部分学生理想目标缺失，“三观”不正，贪图安逸，不思进取。

(2) 少数学生荣辱心、自尊心不强。

(3) 部分学生心智不成熟，自我约束能力较差。

(4) 部分学生团队意识、合作能力、沟通交流表达能力差。

3. 家庭教育与家长支持方面

(1) 部分学生家长对学生期望值不高，对家庭教育重视不够。

(2) 家长本身不能以身作则，对孩子负面影响较大。

四、“学习者联盟”的内涵

“学习者联盟”是由学习者(学生)和助学者(教师、学生)共同组成的，以完成共同的学习任务为载体，以促进成员全面成长为目的，强调在学习过程中以相互作用式的学习观作指导，通过人际沟通、交流和分享各种学习资源而相互影响、相互促进的基层学习组织。

它与传统教学班和教学组织的主要区别在于，强调人际心理相容与沟通，在学习中发挥群体动力作用，但其目标不仅限于学科知识的学习，更包含了品德、人格、思想、行为习惯等全方位的综合发展。

第二节　组织建设目标与内容

一、“学习者联盟”建设的指导思想

党的十八大以来，中共中央对未成年人思想道德建设高度重视，要求坚持育人为本、德育为先，围绕立德树人的根本任务，把培

育和践行社会主义核心价值观融入国民教育全过程。2014 年 3 月，中华人民共和国教育部出台《教育部关于全面深化课程改革，落实立德树人根本任务的意见》(教基二〔2014〕4 号)，进一步细化和落实了在教育领域培养和践行社会主义核心价值观的具体措施，为各级教育行政主管部门和基层学校具体开发和实施相关课程，落实立德树人的教育目标提供了指导。文件指出："立德树人是发展中国特色社会主义教育事业的核心所在，是培养德智体美全面发展的社会主义建设者和接班人的本质要求。课程是教育思想、教育目标和教育内容的主要载体，集中体现国家意志和社会主义核心价值观，是学校教育教学活动的基本依据，直接影响人才培养质量。全面深化课程改革，整体构建符合教育规律、体现时代特征、具有中国特色的人才培养体系，建立健全综合协调、充满活力的育人体制机制，落实立德树人根本任务，是贯彻党的十八大和十八届三中全会精神的重大举措，是提高国民素质、建设人力资源强国的战略行动，是适应教育内涵发展、基本实现教育现代化的必然要求，对于全面提高育人水平，让每个学生都能成为有用之才具有重要意义。"

2016 年国家、省、市教育工作会议部署，结合义务教育公办学校的功能与作用，紧密围绕"公平"与"质量"两大主题，向民生"最低处"精准发力，促进教育公平。学校当努力实现从薄弱学校向优质学校的转变，提高学生学习力，为困难学生家庭的长远发展提供可能性。

随之，我校以"学习者联盟"建设为抓手，以培养学生核心素养为目标，开展与实践相结合的深度学习，打造校内外的学习共同体，实现教育教学质量的提升，实现"立己达人"。

二、"学习者联盟"的建设目标

通过"学习者联盟"建设，为学生积极参与综合实践活动构建"学习共同体"，并迁移到学科学习和学校生活的方方面面。

(1) 建设学生互动式自主学习平台。

(2) 促进薄弱学校教师教学行为、学生学习方式的根本转变。

(3) 呈现多学科融合的综合实践研究性学习。

(4) 由校内拓展到校外,“学习者联盟”由学生拓展到教师及家长的学习联盟。

(5) 全面提升学生的核心素养,完成向优质学校的转变,最终实现立德树人的教育目标。

具体目标为:

(一) 学生层面

(1) 七年级:在教师指导下开始组建“学习者联盟”,学生初步了解“联盟”的规则,掌握合作学习的方法技巧,养成合作习惯。

学生在教师指导下组建“学习者联盟”,自主制订“联盟”规则,初步形成各具特色的“联盟”文化;要学会根据自身或小组情况设计课程,即制订适宜的学习规划、学习目标、学习内容、学习方式及设计评价;学习内容可由书本知识逐步转化为对社会实践活动的研究性学习;教师要引导学生体验自主学习、实践学习的乐趣。关键词——爱学习。

(2) 八年级:“学习者联盟”进入独立运转阶段,并开始向单纯学习行为之外迁移。

学生在“联盟”中形成良好的自主学习、合作学习、自主管理的习惯,培养其能力进一步提高,基本能够独立设计课程并开展学习;能够发现学习和生活中的问题,能够通过自主课程以合作学习等方式研究并解决难题;在“联盟”中形成合作意识和合作价值观,养成互相帮助的行为习惯,并迁移到健康人格形成和良好品德养成行为中去。关键词——会学习。

(3) 九年级:“学习者联盟”进入高级形态,学生在“联盟”中习惯成自然地把各项方法习惯渗透在学校生活的方方面面并向家庭和社会生活迁移。

在这一阶段,学生的思维能力明显增强,能够开展有个性的创造性学习;合作学习能力及社会实践能力有高水平显现,达到学业质量和综合素养的双提升；与此同时，在品格和德育方面的良好素养不仅体现在学校生活的各个微小细节之中，也会迁移到家庭和社会生活的各个方面。关键词——学习好。

（二）教师层面

通过构建教师之间的“学习者联盟”，搭建“教研训”一体化的校本教师自培模式，在体制机制上为教师成长和专业发展提供一个集思广益、思维碰撞、互相取长补短的平台，有力促进教师在师德师风、心理素质、专业素养等方面的综合提升。

（三）家长层面

通过组建家长“学习者联盟”，为家校沟通和家长之间的育人经验分享交流搭建良好的互动平台，有效推动家校共育。

三、“学习者联盟”的建设内容

1. 学习环境建设

围绕学校的教育理念，依托“学习者联盟”项目建设，对学校整体文化环境进行改造完善，形成体现项目特色的校园文化；围绕课程实施的需要，建设与完善与之相配套的功能教室，搭建师生、生生互动平台，为课程建设提供物质支撑、数字支撑。

2017 年，学校新建教学综合楼建成竣工，在现有未来教室、录播教室的基础上，学校计划配备音乐与舞蹈、手工制作、科学探究、公民道德、阅读创作、3D 实验等各学科配套专用功能教室的建设。同时，配合“学习者联盟”的组织建设，设计规划了体现合作学习功能的专门为学习者提供个性化和多样化学习空间的“学习者联盟广场”。

“学习者联盟广场”的设计分为“一场四区”。“一场”即“学习者联盟广场”，这里相当于一个家庭的客厅，“学习者联盟”的大型活动和对外展示都安排在这里，同时也是学校的多媒体中心和小型会议场所。“四区”分为“资料查阅区”——为学习者提供研究所需的各种学习资料；“交流讨论区”——承担学习者共同研讨、沟通、交流问题的场所功能；“展示讲授区”——用于“学习者联盟”活动时教师指导或学习者展示使用；“休闲互动区”——主要功能是为学习者在剧烈的头脑风暴和思维活动之余提供一个休闲、聊天和加强交流沟通、增进感情的场所。

2. 资源开发与实施

“学习者联盟”是教师指导下的学生自主、合作开展学习活动的学习型组织，也是培养学生多种学习能力的项目。为保证项目顺利实施，学校以校本课程的形式确保其学习活动的时间、空间和学习效果。具体建设内容如下：

(1) 时间、内容确定

将“学习者联盟”作为学校课程列入学校课表，保证每个班级每天不少于一节。“学习者联盟”的课堂教学内容和方式由学生自主选择。

教师可指导学生最初的“学习者联盟”课程学习由学科学习开始，几节课可设置为学习者联盟（语文）、学习者联盟（数学）、学习者联盟（英语）、学习者联盟（文综）、学习者联盟（理综）等形式，待学生能够主导课堂后，可将学习内容拓展到艺体及实践类研究性学习。

(2) 构建组织

如图 5-1 所示，学校设“学习者联盟”委员会，由主席、副主席及各学习代表组成，设“学习者联盟”专家指导团队，由学校各学科骨干教师组成；班级设“学习者联盟”分会，由会长、各学科代表组成；分会下设“学习者联盟”小组。“学习者联盟”会同学校课程领导小组、评价小组共同负责全校的学习指导、检查和督促工作，负责全校的学习会议、学习评价工作；“学习者联盟”分会负责班级“学习者联盟”课程的教学；“学习者联盟”小组为基层的学习单位。学校“学习者联盟”工作委员会和评价委员会成员名单如下：

① “学习者联盟”工作委员会

组　长：万众、学生 1 人（“学习者联盟”委员会主席）

副组长：朱卫华、周宁、李辉、学生若干（“学习者联盟”委员会副

主席)

组　员:张锋、黄刘洋、杨斌、陈继辉、耿玉凤、程艳、刘锐、王琪、学生若干(“学习者联盟”委员会委员)

② “学习者联盟”评价委员会

组　长:万众、学生1人(“学习者联盟”委员会主席)

副组长:周宁、张锋、学生若干(“学习者联盟”委员会副主席)

组　员:耿玉凤、王冠军、赵云、周凤文、欧颖、杨晓冬、任新新、学生若干(“学习者联盟”委员会委员)

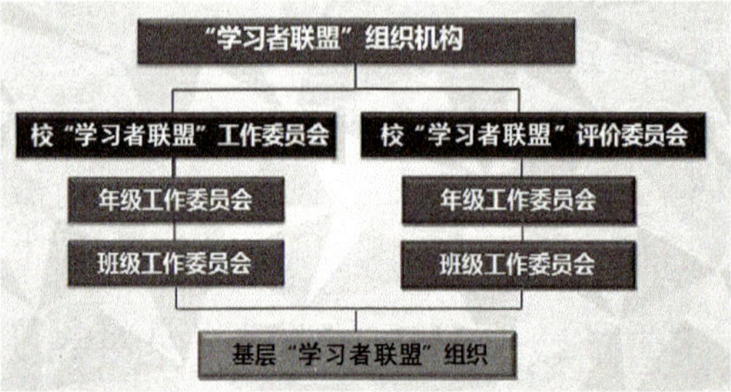

图5-1　“学习者联盟”组织结构图

(3) 课程开展

如图5-2所示,依据学生学习基础和学习需求,以小组合作形式开展课堂学习活动;在对各学科教材学习的基础上,各班每学期要选定一个综合实践的研究性学习主题,各小组选定具体的研究课题或项目学习并开展研究活动;每一节课程要有明确的学习要求和清楚的学习结果反馈,以及必要的学习资源包和学习评价记录。

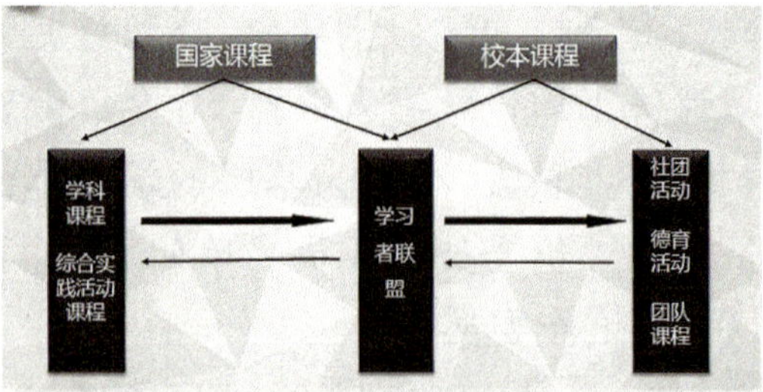

图5-2　“学习者联盟”课程结构图

“学习者联盟”课程开展日常以校内学习为主，由教师专业团队指导，周末假期以家庭和社会为主，校外的活动由教师和家长协同指导。

（4）课程支持

“学习者联盟”各级的活动均由学校优秀教师团队做指导和引领，学校对各指导团队、教师的指导活动予以考核评价；教师对“学习者联盟”的课程指导可在本学科教学中进行，要有意识地训练学生的学习能力、表达能力、组织能力；学校开设高质量的综合实践研究性学习课程，以对学生的实践性深度学习做方法指导。

3. 教学（学习）方式和模型建构

学生或学生小组取代教师组织班级合作学习，通常的流程是：在教师指导下，学生自主组建“学习者联盟”，这个“联盟”是“小联盟”，即构成“班级联盟”的基本“细胞”。教师根据学生性别、性格、兴趣特长、学科基础等方面的要素对“小联盟”进行微调；“联盟”组建之后首先要进行文化建设，选取制作“联盟”的名称、口号、盟歌、盟徽，以利于形成团队的文化和凝聚力；接下来是对“盟员”进行分工协调，在“联盟”负责人的有效组织管理下按照“自荐、选举”的方式民主产生“联盟”的各项“盟长”、发言人、记录人等角色（一段时间之后再行改选，角色互换）。

前期准备工作完成后，开始进入学习或活动阶段。在这一阶段，“盟员”将在教师指导下明确学习或者活动目标，自主制订活动计划，确定学习内容。“盟员”的自主性和积极性将得到最大程度的发挥，在“盟长”的组织管理下，盟员们各有分工、各司其职，紧张有序地开展学习及实践活动。有所区别的是，在学科学习活动中，“学习者联盟”主要担当的是“合作学习小组”的角色，在学科课堂上或课后，有组织地开展自主学习、合作讨论、组内及组间展示等学习活动；在综合性的研究性学习过程中，“学习者联盟”要承担比学科学习中更多、更重要的职责与功能。明确活动目标、组织策划活动流程、做好活动的物质准备、做好活动的知识准备、有序开展活动、总结活动成果、展示报告活动成果等，对学生合作价值、自我管理、实际动手与操作的能力等方方面面素质提出了更高要求，也是对学生综合素质培养非常有效的途径；在学生的德育与品格教育方面，“学习者联盟”更可以弥补传统教育方式所带来的种种问题与弊端，具有其他方式所无法比拟的优势。

在总结展示阶段，“学习者联盟”在教师指导下自主完成学习或活动的总结成果报告，并采取不同的方式展示自己的报告。通常采用的方式有：

(1) 集中活动展示

由学校或教师搭建平台，在班级范围或全校范围举行专项的课题研究成果或项目成果报告会。成果展示可以以评估形式出现，也可以正常展示形式出现。由学校聘请专门的活动专家与教师、同学共同组成评委会，特别要突出以学生为主体，学生的评价意见为主要评审意见的原则，对展示成果进行打分评奖。这一过程不仅仅是对“学习者联盟”的学习和活动成果进行评价激励的过程，同时也是在学生中创设更加浓郁的合作学习氛围，鼓励各“联盟”之间互相取长补短、思维碰撞，达到共同进步的目的。

(2) 校内外活动推广

研究性学习的成果展示方式可以不囿于“成果展示评价”这一形式，活动的范围也不仅限于教室或校园。完全可以采取更加包容、和谐、开放的形式，鼓励学生走出教室、走出校园、走进社会。可以由教师或学校出面在公园、公共活动广场、各类活动中心等人员密集和流动人员较多的地方，甚至在电视台、广播电台等媒体演播中心(在条件允许的情况下)举行与“联盟”研究成果相关的公益性质的展示活动，把学生的研究成果与环境保护、社会发展、文明进步等有关的内容向市民做宣传展示，也是一次非常有意义的宣传教育活动。

我们把学生在校生活的各种活动都纳入“学习者联盟”活动程度的功能之中，学生的学习活动、课余活动、卫生打扫、日常行为习惯、各类德育活动，甚至是课后互助都是以“学习者联盟”为单位组织进行的。学生在团队和集体中首先克服了独生子女“独”的习惯，心理上有了集体意识和归属感，开始理解他人、关爱别人；学会了与他人有效沟通交流的方法手段，通过表达不同意见学会相互理解与妥协；在完成共同活动任务的过程中学会分工协助，为了共同目标而努力拼搏。如此等等都在教会学生“做人”方面起到了其他教育教学活动所无法替代的作用。

4. 教学手段和互动平台

(1) 加快教学设施信息化改造，淘汰原有教室的老旧电教设备

以“学习者联盟”共同体建设为契机，加快学校信息化硬件设备的改造，促进教育信息化应用水平提高，为学生在学校内的“泛在学习”提供良好的条件。

目前，在市教育局的大力支持下，学校已经开通了“千兆光纤”进校园，在校园的任何一个角落都能够实现移动终端的随时随机联网。还专门装配了一间智能未来教室和一间多媒体录播教室，为“学习者联盟”实现移动端的信息化学习提供了有力支撑。

(2) 运用BYOD模式在部分学科和班级进行试点并取得初步成果

在广泛调研的基础上，在部分年级的部分班级尝试实施BYOD模式的学习活动。项目实施之前，我们在试点班级做了充分的调研。以下为学校针对BYOD教学项目对学生和家长进行调查时的问卷。括号内的数据为调查统计的结果。

徐州市第二十二中学BYOD教学项目学生调查问卷

请同学们认真阅读、填写好问卷！以下内容请用“√”选择或者用汉字填写。本调查问卷无须填写姓名、班级，请客观、如实地表达你的真实想法。

1. 你有智能手机吗？(如回答是，请做以下题目)

是(83.9%)　　　　否(16.1%)

2. 你会熟练地使用智能手机吗?

是(87.1%)　　否(12.9%)

3. 你带手机到学校吗?

是(9.7%)　　否(90.3%)

4. 上课时你的手机会开机吗?

是(1.6%)　　否(98.4%)

5. 你是否下载使用过智能手机的学习类APP?

是(74.2%)　　否(25.8%)

6. 你平时使用手机主要是为什么?

A. 娱乐(40.3%)　　B. 上网(27.4%)

C. 闲聊(22.6%)　　D. 学习(64.5%)

E. 炫耀自己 (1.6%)　　F. 通讯(69.4%)

7. 就你所知,班级里经常使用手机的同学有多少?

A. 极个别人(21%)　　B. 1/5 (14.5%)

C. 1/4 (4.8%)　　D. 1/3 (12.9%)

E. 一半以上或更多(46.8%)

8. 你知道以下哪些手机功能?

词典　闹钟　背单词　收听广播　计算器　备忘录

电子书　查阅资料　邮件　游戏　音乐　电影　照相

摄像　上网　聊QQ　看电视　心理测试　订阅笑话

9. 在这些功能中,你使用了哪些功能?

词典(72.6%)　闹钟(82.3%)　背单词(61.3%)

收听广播(25.8%)　计算器(74.2%)　备忘录(43.5%)

电子书(48.4%)　查阅资料(87.1%)　邮件(37.1%)

游戏(54.8%)　音乐(85.5%)　电影(53.2%)

照相(80.6%)　摄像(62.9%)　上网(48.4%)

聊QQ(69.4%)　看电视(50%)　心理测试(9.7%)

订阅笑话(8.1%)

10. 你认为中学生使用手机的好处及问题各有哪些?

好处:1. 学习、查资料(91.9%);2. 方便联系家长、同学(41.9%)

问题:1. 沉迷游戏和社交软件(77.4%);2. 影响身体健康(24.2%)

徐州市第二十二中学BYOD教学项目家长调查问卷

尊敬的家长：

您好！为了了解学生使用手机的情况，促进信息化教学在我校的实施，帮助学生提高学习效率，特制作本调查问卷。请您在百忙之中抽出几分钟的时间认真阅读，如实填写本问卷。本问卷无须填写孩子的班级、姓名，请您表达出真实的想法。（多项选择题可以同时选两个以上的选项）

1. 你拥有智能手机吗？

是（96.4%）　　否（3.6%）

2. 你平时使用手机主要是为什么？

A. 娱乐（12.7%）　　B. 上网（41.8%）

C. 闲聊（7.3%）　　D. 学习（29.1%）

E. 炫耀自己（1.8%）　　F. 通讯（85.5%）

3. 你给孩子购买智能手机了吗？（如选择“是”请答4～6题）

是（67.3%）　　否（32.7%）

4. 你给孩子购买智能手机的原因是什么？

A. 通讯联络（61.8%）　　B. 供孩子学习（41.8%）

C. 供孩子娱乐（1.8%）　　D. 孩子坚持要求（1.8%）

E. 其他家长都给孩子买了或说不清（1.8%）

5. 你的孩子平时在家使用手机主要是为了什么？

A. 娱乐（18.2%）　　B. 上网（21.8%）

C. 闲聊（7.3%）　　D. 学习（54.5%）

E. 通讯（49.1%）

6. 你支持孩子带手机到学校吗？

是（23.6%）　　否（58.2%）

7. 你支持/反对孩子把手机带到学校的原因是什么？

支持理由：方便与孩子联系（22.8%）

反对理由：怕孩子沉迷，影响学习（75.4%）

8. 你听说过手机客户端的学习类软件（APP）吗？

是（69.1%）　　否（30.9%）

9. 你认为中学生使用手机的好处及问题各有哪些？

好处：查阅资料，促进学习(68.4%)；方便联系(31.6%)

问题：沉迷网络，影响学习(70,2%)；对健康不利(3.5%)；引起攀比(3.5%)

10. 如果学校为了帮助学生提高学习效率，在老师的指导下有条件地让学生使用智能手机作为学习工具，你有哪些建议呢？

学校管理、教师引导，有条件使用(73.7%)；大力支持(12.3%)；坚决反对(7%)；最好不要(3.5%)

具体建议：① 合理运用智能手机软件，帮助学生解答难题，是以后学习的必然工具；② 高科技时代，先学为快，要走在别人前面，教学也一样；③ 限时使用；④ 同学互相监督；⑤ 制定规定，违者受罚并通知家长；⑥ 手机由老师统一管理；⑦ 每个学生写下保证书，违者禁止使用；⑧ 把游戏、社交软件删除，只保留学习软件，老师、家长经常检查；⑨ 在可控的情况下由老师指导，也不能每天带，最多每周安排一节课。

在“基地班”学科教学中实施BYOD教学模式的调查报告

一、我们的思考

(一) 对“禁止学生带手机进校”的辩证思考

1. 中学生使用手机究竟利大于弊还是弊大于利？

2. 单纯地“堵”是否从根本上解决问题？

3. 能否由简单的“禁止”变为积极的“引导”？

(二) 对“E学习”的实效性思考

1. 另外购买iPad、平板电脑是否加重学生家庭负担？

2. 在智能手机普及的情况下，能否整合现有资源？

二、问卷调研基本情况

学校为了论证项目操作的可行性，专门制作了“徐州市第二十二中学BYOD教学模式学生调查问卷”和“徐州市第二十二中学BYOD教学模式家长调查问卷”，对七年级“基地班”全体学生和家长进行了问卷调查。共回收有效学生问卷61份，有效家长问卷57份。该项调研采用无记名的形式，结果具有一定信度和效度。各项目统计情况如下：

(一) 学生调研情况统计

1. 四分之三的学生拥有属于自己的智能手机。

2. 近九成学生能够熟练使用智能手机。

3. 只有一成学生带手机到校，有 64％的学生手机平时闲置。

4. 尽管老师严厉禁止，个别学生上课时手机还是会打开。

5. 超过四分之三的学生下载使用过学习类的手机 APP。

6. 学生使用手机目的排前三位的是：通讯、学习和娱乐。

7. 通过学生间互相观察，近一半的同学经常使用手机。

8. 使用率最高的几项功能是：查阅资料、音乐、闹钟、照相、计算器和词典，并非我们想象的游戏和网聊。

9. 书写问题：你认为中学生使用手机的好处和问题分别是什么？

好处：(1) 学习、查资料(91.9％)

(2) 方便联系家长、同学(41.9％)

问题：(1) 沉迷游戏和社交软件(77.4％)

(2) 影响身体健康(24.2％)

(二) 家长调研情况统计

1. 绝大部分家长拥有并使用智能手机。

2. 家长使用手机的目的以通讯为主。

3. 三分之二家长给孩子购买了智能手机，此比例比学生问卷略低。

4. 与孩子进行通讯联络和供孩子学习是家长给孩子购买手机的主要原因。

5. 从家长角度看，学生在家使用智能手机的主要用途是学习和通讯。

6. 大部分家长对孩子把手机带到学校是有忧虑的。

7. 家长支持孩子带手机的最大理由是方便与孩子联系，反对的最大理由是怕孩子没有自制力沉迷游戏，反映出家长面对这样问题的矛盾心情。

8. 家长对学习类手机 APP 的认识超出我们的预计。

9. 家长既能认识到互联网背景下手机使用的好处，同时也担忧孩子没有自制力导致影响学习，心情相当矛盾。

10. 书面问题：如果学校组织学生在课堂上使用手机或者 iPad 学习，您的建议是？

(1) 合理运用智能手机软件，帮助学生解答难题，是以后学习的必然工具。

(2) 高科技时代，先学为快，要走在别人前面，教学也一样。

(3) 限时使用。

(4) 同学互相监督。

(5) 制定规定，违者受罚并通知家长。

为保证“学习者联盟”的学习效果的检验和及时评价，学校还采取购买第三方服务的方式购买了相关教育信息化教学与管理平台；与学科学习APP合作在学校完成了部分学科的信息化处理作业与练习，及时对学生的学习效果进行评价与反馈。

5. 管理与评价

由学校教学管理部门对课程实施过程进行常规管理，评价方式上倡导多元评价，涵盖学生的主动参与、文化素养、社会实践、能力方法、责任态度等；以过程评价为主，以学分获得形式逐日积分；以激励性评价为主，注重学生自我的进步和成长；以学生自主评价为主，班级的学生分会对小组考核，小组对学生个体考核。

6. 提升教师专业素养

通过该项目的实施，进一步促使教师转变教育教学观念，加强对教学内容和教学方法的学习、实践与反思；建设教师“学习者联盟”，依托集体备课、教研活动、读书沙龙等平台，引导教师互相合作、集思广益、共同提高；增强课程意识，提高课程统整与开发能力，全面提升专业素养。

7. 学生实践和能力培养

在学校现有活动课程的基础上，依托本项目的实施和徐州市综合实践课程基地的基础，加强学科教学的自主、合作、探究学习方式的应用；通过“学习者联盟”专业校本课程的开发，帮助学生逐步养成自主、合作、探究学习的良好习惯与能力；以“学习者联盟”促进学科间综合实践课程的实施，提高学生团队意识、探究精神及实践能力，改变学生的学习方式；以“学习者联盟”课程为载体开设文学、合唱、舞蹈、话剧、棋艺等社团及各类拓展性活动课程，培养学生的兴趣特长。

8. 家长“学习者联盟”的建设

我们借鉴了国内外面对同样问题群体惯用的 AA 互助组织(即互相帮助的协会组织，在这个过程中，大家会分享感受、情绪、观点、经历、措施、效果，以帮助大家解决一个或多个共同的问题)的组织结构，由孩子所在的“联盟”决定家长“联盟”的组成。家长“学习者联盟”由学校聘请家庭教育和心理学专家协助教师和家长共同制订活动计划，定期组织活动；家长“学习者联盟”的学习内容以家庭教育的理念、方法、经验、教训为主，彼此交流孩子之间的信息；其学习基本流程是：助学者(通常是专家或教师，也可由家长充当)提前拟定每次活动主题，活动时由一名学习者充当主持人，讨论时间 1～2 小时；发起助学则由助学者确定会面时间地点、拟订活动计划、做好准备工作、清理会面任务。

四、初步建设成果

1. 教育质量达优

对照教育部基础教育质量监测中心对教育质量的五项要求，我校取得了优秀成绩。实施课程一年多以来，学校连续两年中考成绩大幅提升。2016 年进步 11 位，进步幅度位列全市第二；2017 年再进 5 位，进步幅度全市第一；“看起点、比进步”连续两年进步 5 位，进步幅度全市第一。教学质量由三年前的全市倒数二、三名跃居公办学校前十名。

学生在思想品德和公民素养上，能够关心他人、有较强的社会责任感，身心健康；已初步形成较好的学习素养，能够自主学习、善于合作学习；兴趣爱好、特长得到发展，艺术素养得到发展；实践能力和创新意识不断增强。

2. 教师发展达优

教师的教学方式不断优化，课程开发与实施能力提高，互助合作的教师“学习联盟”形成。

3. 学校建设达优

(1) 学校课程建设基本硬件设施逐步完善到位,为学生的综合发展提供了良好的保障。

(2) 完善了学校课程顶层设计及运行机制。

(3) 形成多套较为完善的校本课程资源和鲜活案例。

(4) 在省、市相关学生比赛中取得成果。

(5) 积极落实项目式教研及多元学习评价模式,促进各学科的均衡发展,使学校的教育教学质量得到进一步提升,学校的办学特色凸显。

五、措施保障及进度

1. 措施保障

(1) 成立课程实施领导小组。为进一步加强学校对课程实施的管理和指导,推动多学科综合实践课程的深入开展,学校决定成立课程建设工作领导小组。

(2) 有一定的课程实践基础,为课程实施提供了保障。学校的特色项目“基于团队合作的初中思想品德综合实践活动课程”和学校社团活动已实施一年多,学生的研究课题和社团活动在徐州市的评比中也荣获多项奖励。近年来,学校一直努力进行学科教师队伍建设,学校多次选派各学科教师到上海、杭州、无锡、苏州、南通等地听取专家讲座、进入学校跟岗、听课学习,课程实施的教师队伍已具雏形。

(3) 健全专家引领,完善制度保障。学校将聘请高校科研单位、省市教研员、兄弟省市相关课程专家、市区名特优教师等来校对课程建设进行指导和相关授课,把握课程建设方向,承担相关的技术支撑、教师培训。同时,学校将建立专家、教研机构、学校评估的三方联合评价和诊断机制,建立相关考评、奖励评价方案,调动师生的积极性。

(4) 优质的帮扶学校资源。为推进课程的建设,学校拟与徐州市第一中学签订帮扶协议。作为国家级示范性高级中学的徐州市第一中学自 2013 年托管我校以来,对学校的发展给予了大力的扶持。

(5) 项目的申报成功,将为学校带来可靠的资金支持。

2. 时序进度

(1) 第一阶段:课程建设准备阶段(2017 年 1 月至 2017 年 2 月)

组织教师学习文件、方案,形成共识,明确课程建设要求,制订课程实施计划。

(2) 第二阶段:项目实施阶段(2017 年 3 月至 2018 年 4 月)

课程实施,建立相关考评机制。课程实施初期阶段,以学生自主实施的学科学习、知识学习落实实施,建成“学习者联盟”;中期逐步向课外拓展,融入各学科的研究性学习活动、艺体活动,“学习者联盟”深入社会学习;后期,“学习者联盟”形成自主实施机制,形成学习资源和学习结果报告。

(3) 第三阶段:总结阶段(2018 年 5 月至 2018 年 12 月)

① 收集整理课程建设资料,稳固“学习者联盟”的学习态势,总结经验形成文本,撰写项目建设报告并邀请专家指导鉴定。

② 形成一套融入多学科的综合实践“学习者联盟”资料汇总。

③ 总结项目建设中的成功做法,向其他学校推广。

徐州市第二十二中学“学习者联盟”教学学生培训方案

一、指导思想

组建“学习者联盟”的根本目的是改善课堂教学生态,落实学生学习的主体地位,实现教育本质的回归。为进一步深化课堂教学改革,提高课堂教学的针对性和实效性,转变学生的学习理念和学习方式,结合学生实际情况,特制订本培训计划。

二、培训目标

对于七年级新入学的新生，结合学校前期推进合作学习教学得出的经验，对学生进行教学常规要求教育及学讲方式下的学习方式转变的教育尤为重要；八年级部分班级已对合作学习教学进行了有益探索，取得了一些经验，但同时，年级各班没有形成统一的小组合作学习模式、学生的合作学习没有进行过系统的培训。故本次培训将开学初短期培训和长期培训相结合，主要内容是学习常规、有关理论、学生学习方式、学习小组建设、小组长的培训及导学案的使用。争取通过培训使学生明确在学讲方式下的上课流程和基础规范，确保学讲方式在我校的顺利推进和有效实施。

三、培训时间

短期培训：开学初及第一周；长期培训：本学期班会课。

四、参训人员

全体师生。

五、培训地点

各班教室。

六、成立培训领导小组

组　长：万众

副组长：李辉、周宁

成　员：各班班主任、各学科任课教师

七、培训安排

1.8月31日下午，各班班主任召开班会

主要内容：七、八年级各班进行行为习惯和课堂常规要求培训，学生学习有关学讲的部分理论，让学生明白转变学习方式的意义及学讲方式课堂的基本流程。同时八年级对班级上学期各组情况进行总结，表扬优秀小组。

培训人：各班班主任。

2.9月1日开学第一天

主要内容：课堂规则、规程、规范的培训（坐姿、学习用品摆放、倾听，各学科教师结合自身学科特点的课堂各环节的规范要求等）。

培训人：各学科任课教师、班主任。

3.9月2日，班会

主要内容：制订“学习者联盟”组名、组徽、组训或口号等（假期各小组完成），召开小组长会议，指导小组长如何工作。

培训人：班主任。

4. 长期培训：班会

及时发现并解决推进过程中的问题。

要求：培训教师按照培训方案扎实准备培训内容，做好培训记录。领导小组要加强检查和指导，促进本次培训的实效性。

教务处

2015 年 8 月

徐州市第二十二中学“学习者联盟”学生培训手册

一、学生行为习惯的培训

(1)《中学生一日常规》。

(2) 七年级学生每天早读前坚持 10 分钟的硬笔书法临摹，以增强起始年级学生的自控能力和字体的规范，为中考做好准备。

(3) 八年级学生每天下午上课前坚持 15 分钟的阅读，既能稳定八年级学生的情绪，又拓展了学生的知识面。

二、课堂学习常规要求的培训

(1) 预备铃响起，学生及时回到座位上，拿出当堂课需要用到的文具、书本等，放在桌子的左上角。全体同学精神饱满，面向黑板、坐姿端正等待老师上课。

(2) 上课铃响后，全体起立向老师问好，老师说完“请坐下”后方可就座。

(3) 上课开始后要安静、集中注意力，按照老师说的要点进行课堂学习。

(4) 听讲是课堂的重要组成部分，听讲要专心，边听边想，记住要点。别人发言时不要随便插嘴打断。有不同意见，要耐心听别人说完后再提出。

(5) 回答问题要举手发言，经过同意后方可起立并用普通话回答。

(6) 下课铃响后，老师说“下课”，本节课才结束，否则学生应该仍然是在课堂学习状态。

三、相关理论培训

1. 关于遗忘规律的理论

德国心理学家艾宾浩斯研究发现，遗忘在学习之后立即开始，“先快后慢”。而且凡是理解了的知识，就能记得迅速、全面而牢固。经过学生自己的理解、讲述、演示后，短时记忆就内化为学生的知识和能力，经久难忘。据此，学讲方式强调课堂教学中及时的自主复习、小组合作中的互讲强化、当堂的生生互相检测巩固，这都是极为有效而必要的教学手段。

2. 学习金字塔理论

戴尔初次提出、后经美国缅因州的国家训练实验室研究之后把学习方式分为七种，其中学生被动听讲的学习方式，学习效果最差；而“教授给他人”的学习方式，学习效果最好。据此，学讲方式强调以学生准确、生动地“讲出来”的要求，激励学生经过独立思考，对知识进行加工、重组，实现对知识的巩固和深化。

3.“五学”

(1) 自学：在教师指导下的课前预习、课中的自主学习。学生要做到独立完成，不会的地方做好标记。

(2) 互学：以“小组讨论”和“交流展示”为学习形式，通过生生互助解决学习中的问题。“小组讨论”时组员应全体起立，全员参与，组长组织，明确分工，积极讨论，形成共识。“交流展示”时要面向全体同学、自信大方、声音洪亮、正确地做出标记，对于同学提出的问题能够准确清晰地给予解答。

(3) 问学：以提问、质疑的方式，探讨学习问题，拓展学习内容，达成举一反三。自己的问题提出后，认真聆听，并记录老师、同学给出的解决方法；仍有疑问的，要利用空余时间与老师或者同学沟通、求教。

(4) 教学：以“讲出来”和“教别人”的方式，深化和巩固学习成果。要“讲出来、教别人”就要要求自己首先对于问题的理解比较深刻到位，讲的时候要讲解细致、叙述清晰，标记准确。对于别人提出的问题要耐心听取，准确回答。

(5) 悟学：以自主总结、交流体会的形式，感悟学习成果。每节课结束后要回忆本节课所学到的知识、学习方法，知道自己学会了哪些内容，哪儿还存在问题，今后要怎么去解决。

四、自主学习规范

内容：在规定的时间内，自主完成导学案中指定的预习内容，根据学案查阅相关的材料，做到大体了解本节内容。

方法：

(1) 独立完成。

(2) 以问题为抓手，运用双色笔就独学过程中遇到的问题进行标注。自主学习环节完成后，及时告知本组学习组长。

(3) 自学阶段，独立学习，不打扰别人。

五、合作学习规范

1. 个人规范

(1) 做到入室即静，进入教室后不追打、乱扯、闲聊，服从组长安排，做好课前准备工作。

(2) 积极参与小组讨论，解答学习问题；积极参与课堂展示与交流，做到语言规范、使用普通话；积极参与组内互助，做到当堂不明白的问题，及时请教。

(3) 认真、独立按时完成各学科的学案和作业并及时交纳，不抄袭，积极主动地选做有一定难度和挑战性的题。

2. 合作规范

(1) 学习规范：学习组长组织成员对照学习目标问题开展有效的合作、探究、对子帮扶，若还有疑问，可派人出访，最后交流展示。

(2) 交流程序：交流时不仅要校对答案对错，而且要弄清为什么、出现错误的原因、用到的方法等。组内交流时主要说出想法，即说思路、说思维的过程。课上可以个人独自小声说，同位之间练习说，四人小组互相说，等等。讨论完后，组长组织组员用最快的方式小结归纳本组探究结论，做好展示准备。

(3) 提问内容：不能解决的问题，小组内有疑义的问题，方法的问题。

(4) 展示机会：当有两个以上同学竞相发言时，学习好的同学主动把机会让给别人；已发言过的同学主动把机会让给未发过言的同学。

(5) 结对帮扶：1、4 结对，2、3 结对；也可以 1、2 结对，3、4 结对。

3. 合作要求

(1) 课前合作：分工查找资料，资源共享，共同完成预习作业；在预习的过程中讨论、交流、辩论，相互寻求帮助、检查批改作业，共同解决疑难问题。

(2) 课堂合作：课堂上由发言人汇报小组成果，其他同学可补充发言。讨论、交流、辩论，相互质疑提问，相互帮助，相互检查批改作业、试卷，共同解决疑难问题。

(3) 课后合作：对课堂尚未解决的疑难问题、知识的复习与巩固，课后再交流，利用课间、自习课，有条件的或回到家里进行网上交流、电话咨询，共同查漏补缺。

六、交流展示规范

内容：

(1) 围绕中心问题发言，说清理由，不东拉西扯。

(2) 发言大胆、声音洪亮。不啰唆，不重复别人发言，把自己的观点表达明白。

展示：

(1) 各“联盟”主要展示合作探究结果，阐释重难点和相关注意事项，并做必要的拓展和总结。其他各组必须听懂内容，同时积极思考、发现问题并提出疑问，也可进行补充和拓展。

(2) 展示学生要进入预定位置(展示者侧着身子，与展板和学生分别成30度角，一定要让全班每一个学生都能看见，可以在台上，也可以在台下)，展示者尽量脱稿或半脱稿；做到姿势端正，态度自然，语言简练明确，特别是声音洪亮，善于运用肢体语言；板书要迅速、工整规范。

(3) 听展者坐要端正，站要直立，站位要合理；做到不插嘴、不私下议论；能根据师生补充点拨随时记录，做好即时性巩固及问题整理。

(4) 展示者展示完后，听展者如有疑问要及时提出，其他同学可以进一步质疑；质疑、补充时，要做到有抢有让、简明扼要；进行质疑时无须举手，可直接起立发表自己的观点。

(5) 听展者在补充评价时，目视被评价者；不做重复、无意义的评价；被点评同学要认真对待他人的评价，及时改进。

七、倾听评价规范

(1) 听别人发言时，眼睛要注视着对方，以微笑、点头表示感兴趣或者赞许。

(2) 边听边想，努力记住别人的发言要点，有不同意见要耐心听完别人的发言后再提出。

(3) 边听边分辨出和自己发言相同的内容，自己发言时不重复并对前面的发言做简单的评价。

(4) 对别人发言如有疑问，请对方解释时，要有礼貌，用“是否请你”或“你是不是可以”。

八、质疑拓展规范

质疑方法：

(1) 独立思考时有不懂的问题，标记好，组内质疑。

(2) 合作交流有不同的观点，大胆质疑辩论，直到弄清。

(3) 大胆说出自己和别人不同的想法，敢于对别人的想法、对书本上的知识、对老师提出质疑。

(4) 学会把学习过程中有价值的疑难问题提出来，紧扣学习重难点质疑。

(5) 从学习的方法上进行质疑。

答疑方法：

(1) 对于比较简单的问题，组内解决。

(2) 对于学生普遍存在的问题，先讨论交流，在每一个学生认真思考的基础上，学生释疑。

(3) 对于重点、难点、易混易错的问题，让学生多次研讨，全班释疑。

九、检测反馈规范

(1) 根据文理科的不同，保证 5～10 分钟时间。

(2) 要求学生独立完成。

(3) 方式灵活多样：

① 检测的形式灵活多样。可采取组间互批，也可采取组间竞争等方式。

② 检测的题目灵活多样。可学生单个出题，也可小组集体出题，还可教师出题。

③ 检测的内容灵活多样。可口头检测，可 PPT 检测，可试卷出示。

(4) 及时反馈，便于教师及时调整教学，查缺补漏。

十、评价规范

各组按成绩由高到低分别是 1～4 号，上课回答问题或者解决问题时，得分也按照这个分值得分，即 1 号得 1 分，4 号得 4 分。其他活动也可照此评价，以此激励所有同学共同进步。每周统计每组得分，班级或学校给予一定的奖励。

十一、组建小组

1. 小“联盟”规模

人数以 4～6 人为宜(在此区间内，低年级规模宜小，高年级人数可多)，可根据班级总人数和其他客观条件做灵活调整。

2. 分组原则

按照“同组异质，异组同质”的原则进行分组。

(1)“同组异质”即在分组时考虑学生成绩、性别、能力、认知风格和学习风格、擅长学科、家庭背景等因素，使组内成员在上述各方面尽量不同，形成一定梯度。按照编号1～6，不同组同号码的学生应该是水平相当的。每组教师安排一名组织能力强的学生担任组长。

(2)“异组同质”即各个小组的整体水平和整体情况大致相同。

分组时由班主任老师主导，综合各学科教师的意见，按上述原则分组。注意不要让学生自愿分组，因学生自愿分组时往往考虑“投脾气”或以娱乐为主要目的，难以达到合作学习的效果。

3. 组建“联盟”

(1) 命名

“联盟”的命名应让学生自己完成，只有学生自己取的名字才能得到其认同，教师尽量不要干涉；教师也要注意小组的名字要积极向上，同时符合该年龄段学生的认知水平，必要时引导学生自己做出调整。

(2) 制订小组口号、组歌、组徽

① 小组口号作为小组座右铭的一句话，应简要、响亮，内容积极向上。由本组学生自己编制。

② 组歌：应短小精悍，可由学生直接创作或选取改编歌曲中的某一段落来完成。

③ 组徽：学生自主设计，体现本组的风格特色。

以上操作方式应在教师指导下由学生完成，旨在增强组员对小组的认同和凝聚力。从语言、音乐、视觉等多方面表达小组的宗旨和精神，提高组员的责任感。

十二、组长、组员分工与职责

培训内容：组长、组员的分工与职责。

组长职责：

(1) 组织。组织小组成员取好小组名称，提出小组活动口号，制订小组计划、奋斗目标、小组约定等；组长负责组织课堂讨论，做到每位组员都积极参与讨论发言，有发言、有补充、有记录，做到有序、有效，活而不乱；分组展示时组长鼓励组员积极上台展示，必要时进行分工，有展示、有补充、有总结、有评价；组长负责记录本组成员的课堂展示积分，每天一公示，每周一小结，每月一评价;小组长要定期组织小组成员会议,总结分析本小组学习等情况,讨论提出改进办法。

(2) 协调。组长要学会做好组员的思想工作。小组长要协调好组内成员之间的关系,求大同、存小异,要充分发挥本组成员的特长与聪明才智,调动积极性,形成小组合力;发挥小组长在教师与小组成员之间的桥梁作用,沟通、协调师生关系;协调并处理好本组成员与其他小组成员的矛盾纠纷,处理好小组之间的关系,积极组织参与同本班其他小组之间的和谐竞争,掀起“比、学、赶、帮、超”的良好氛围。

(3) 示范。小组长要带好头并发动组员积极参加各项集体活动,时时处处带头维护班级和学校荣誉。要求组员做到的,小组长首先要做到。小组长要时时处处起榜样作用,做好示范。

(4) 监辅。小组长要组织组内成员相互监督各项制度的遵守情况和各项作业的完成情况,组织组内帮扶辅导,互帮互助,要督促同伴改正错误,帮助同伴完成老师布置的各项任务。督促完成作业不积极的同学按时完成作业,协助教师做好辅导工作。

组员职责:

(1) 记录员:记录学习小组合作学习过程中独立学习的认真态度,小组成员的发言情况和作业完成情况及小组成员行为规范情况。

(2) 检查员:负责检查、督促小组成员的学习任务完成情况。

(3) 纪律监督员:负责本小组的纪律维护,对于上课出现的说话、嬉笑、打闹等现象及时制止,对课间学生的日常行为习惯、卫生打扫等进行监督。

徐州市第二十二中学“学习者联盟”教师操作手册

一、组织准备篇

(一) 组建“联盟”

1.“联盟”规模

人数以4～6人为宜(在此区间内,低年级规模宜小,高年级人数可多),可根据班级总人数和其他客观条件做灵活调整。

2. 分组原则

按照“同组异质,异组同质”的原则进行分组。

(1)“同组异质”即在分组时考虑学生成绩、性别、能力、认知风格和学习风格、擅长学科、家庭背景等因素,使组内成员在上述各方面尽量不同,形成一定梯度。按照编号从1～6,不同组同号码的学生应该是水平相当的。每组教师安排一名组织能力强的学生担任组长。

(2)“异组同质”即各个小组的整体水平和整体情况大致相同。

分组时由班主任老师主导,综合各学科教师的意见,按上述原则分组。注意不要让学生自愿分组,因学生自愿分组时往往考虑“投脾气”或以娱乐为主要目的,难以达到合作学习的效果。

3. 组建“联盟”

(1) 命名

小组的命名应让学生自己完成,只有学生自己取的名字才能得到其认同,教师尽量不要干涉;教师也要注意小组的名字要积极向上,同时符合该年龄段学生的认知水平,必要时引导学生自己做出调整。

(2) 制订“联盟”口号、组歌、组徽

① 口号作为“联盟”座右铭的一句话,应简要、响亮,内容积极向上。由本组学生自己编制。

② 组歌:应短小精悍,可由学生直接创作或选取改编歌曲中的某一段落来完成。

③ 组徽:学生自主设计,体现本组的风格特色。

以上 操作方式应在教师指导下由学生完成,旨在增强组员对小组的认同和凝聚力。从语言、音乐、视觉等多方面表达小组的宗旨和精神,提高组员的责任感。

4. 指导学生认识合作学习的价值

“联盟”建立起来之后,学生可能因新的学习方式沉浸在好奇和欣喜中,也可能会因原有学习方式被改变而感到困惑与不解。为了解开其困惑,使学生更积极、更自主地投入到小组合作学习之中去,建议教师组织学生展开全班范围的讨论和进行一些活动。

(1) 让每个学生思考合作学习的优缺点并写在黑板上,左边写优点,右边写缺点,看看哪个多,并对各个特点进行讨论。

(2) 进行一些快速的数学统计,让全班来计算在传统课堂上每个学生一周的发言总量,再计算在合作学习课堂上每个学生一周的发言总量,并让学生比较。

(3) 让学生想出一两个自己从合作学习伙伴身上获得帮助的例子。

(4) 对个别成绩较好、怀疑自己不能从伙伴身上学到东西的学生，教师应个别谈话，帮助他们找找其他同学身上有什么值得自己学习的地方。

5. “联盟”轮换

“联盟”的功能不仅是让学生学会合作学习，也是给学生机会学习和更多的人交往，接触多元的思想。在学科教学需要或者组建后不断出现问题的小组，教师可以根据条件对组员进行调整或重新分配。

(二) 角色分配

小组合作的核心是合作精神与合作技巧的培养。

1. 任务角色

(1) 朗读员：把学习材料读给其他组员听。

(2) 解释员：解释如何把学习过的概念、定义、方法等运用到新的学习材料中。

(3) 记录员：把小组讨论的要点记录下来，形成简单报告。

(4) 资料员：收集、整理和管理小组所需学习资料。

(5) 总结员：归纳小组成员讨论的观点，把记录员的记录逻辑化。

(6) 报告员：通过口头报告、演示等把本组合作学习的结果呈现给全班。

(7) 检查员：就讨论的问题要求本组每个成员给予解释，确保人人掌握。

(8) 纠错员：纠正其他组员在阐述或总结过程中出现的错误。

2. 小组角色

(1) 鼓励员：鼓励每个成员都积极参与小组活动。

(2) 观察员：观察和记录每个组员的合作情况。

(3) 主持人：组织大家用老师规定的时间讨论出小组目标，进行分工协调，主持小组活动。

(4) 时间控制员：带领大家规划每个任务的时间分配，提醒抓紧时间或进入下一阶段。

(5) 噪声控制员：在小组或成员声音过大时提醒对方。

考虑到学生基础成度和学段年龄不同，教师可以根据合作任务的性质和学生发展水平的程度来做灵活的调整。例如，小组需要完成多个任务时，“时间控制员”的设定就显得尤为重要了；再如，对低年级学生而言，思维水平和社会技能要求较高的工作，如记录员、主持人、观察员、时间控制员等相对就有些难度。

教师在选择角色时还要考虑角色的相对独立性，即角色的职责不能相互取代；角色的相互制约性，即不同角色的职责相互依赖。教师既可以有意识地指定学生担任某一角色来锻炼该生，也可以随机分配角色。

教师还要注意在一段时间内进行角色的轮换，使得学生各方面的能力都得到发挥(一般以1～2周为宜)。

二、教学设计篇

(一) 确定目标

1. 学业目标

即知识、能力、情感态度价值观的“三维”目标。

2. 社会技能目标

社会技能就是个体在人际关系层面上同他人相互作用的能力。它是合作学习的重要目标之一，也是合作学习区别于其他学习方式的重要特点之一。举两个社会技能目标的例子：

(1) 学生能在教师协助的情况下，和同伴协商，对小组任务的分工达成一致意见，做到所有“联盟”成员都接受分工结果。

(2) 学生在“联盟”活动中做出眼睛紧盯发言人、点头表示赞同、听到重点做笔记等行为。

在具体教学过程中，这两类目标可根据学生的年龄特点、学科特点和学习的不同阶段而有所侧重。

合作学习课堂的目标设定还要注意：小组整体目标的达成才能算取得成功，以激励全体学生的学习动机和促成积极互赖。例如：① 每个成员都能独立说出使用量筒时在选择、摆放、读数时的规则，至少说出3条。② 所有成员在练习测试中都达到80分以上。③ 各成员在一次合作中，都做出3次或3次以上的鼓励同伴的行为，该“联盟”可以得到一定的加分。

(二) 选择内容

教师既要根据教学内容决定本堂课是否采用合作学习，又要在决定采用合作学习方式时对教学内容、进度进行适当地调整。这是教研活动、集体备课的一项重要内容，由同组教师共同研究，进行教学内容的优化、取舍。

如何选择内容，确定以“自主学”还是“合作学”为主呢？

一般情况下，简单的知识、技能的学习更适合“自主学”；而仅凭个人的智力、精力难以实现的及难度较大的目标内容适合“合作学”。

“教学有法、教无定法”，教学设计和方法的确定也不是“一刀切”。如果教师出于专业化的发展需要，对合作学习想要进行积极的探索尝试，或者想要培养学生合作技能和合作习惯，那么也可以在简单的任务上使用合作学习的方式。

（三）选择方法

1. 根据教学目标和内容选择方法

(1) 语文、英语等语言类学科长期使用的方法，如CIRC。

(2) 数学、物理等理科类学科长期使用的方法，如TAI。

(3) 新课适宜使用的方法，如小组调查法或拼图法等。

(4) 复习课常用的方法，如STAD、TGT、共同学习法、结构法中的“内圈-外圈结构”“三步采访法”等。

2. 根据学生对合作学习的熟悉程度选择方法

学习内容对学生来说陌生而抽象，教师占据的教学资源很有限的情况下就不宜采用小组调查法，而宜用拼图法。

课时进度紧张时也同样适用上述情况。

（四）安排设计

1. 任务设计

任务设计时要注意以下几点：

(1) 了解学情。正所谓“不愤不悱，不启不发”，教学设计必须是在学生已有的基础上能够引起悬念，激发学生的好奇心、好胜心的问题情境。

(2) 研究教材。把学习的重点、难点作为合作解决的问题或任务。

(3) 难度适宜。既要有挑战性，又要让学生“蹦一蹦，够得着”。

(4) 各任务之间要有联系，并形成由易到难的梯度，使之逐步成功。

2. 时间设计

在实施合作学习的初期，很多老师普遍反映教学容量、进度与合作活动时间之间的矛盾。对于这一矛盾，我们要具体分析其产生的原因：

(1) 教学容量过大、难度过高，脱离了学生的基础造成的。

(2) 学生尚未养成“自主学”与“合作学”的良好习惯，未掌握合作学习的技能和方法，不熟悉流程和方式；或认知水平不高，表述不简练，造成时间的浪费,活动效率低下。

(3) 学生在讨论与合作中不断深入思考、拓展创新,使时间增加,这种情况是值得的。

要解决以上问题可以有针对性地采取下列措施:

(1) 对使用合作学习的教学进行一个较长时间(中期或长期,一个单元、半学期或一学期)的规划,基于学情对教学内容进行优化取舍。哪些内容可以采用合作学习,实施到什么程度,这些都应在集体备课时由全体老师商定完成。

(2) 在中期规划中,刚开始使用合作学习的部分少安排教学内容,让学生有充分的时间练习合作技能。(先慢后快)

(3) 把合作学习中较简单或不太重要的部分和环节安排在课下进行,尽量不占用课堂时间。

(4) 每个步骤、环节、任务严格规定时间,安排紧凑,环环相扣。始终让学生保持适度的紧张感。

(5) 加强学生合作习惯和合作技能的培养。

三、方法技术篇

合作学习的方法有很多,仅目前已经被研究证实有效的就有几十种之多,如果运用得当,这些方法都能对提高教学质量起到促进作用。下面简单介绍几种,以供大家参考。

(一) 学生团队学习

学生团队学习有由约翰·霍普金斯大学的诸位学者发明的五种合作学习方法,分别是学生小组成就区分法、小组游戏竞赛法、拼图法、小组辅助教学法和合作统整读写法,统称为学生团队学习法。强调积极互赖、个人责任和异制分组。

1. 学生小组成就区分法(又称为学习小组成绩分工法,简称 STAD)

(1) 定义:以小组的成就对学生进行有区别的奖励,即小组奖励,让学生跟过去的自己比,而不是和其他所有人比,以进步分为记分方式。

(2) 适用:幼儿园、小学、中学等各个学段,语文、数学、外语及其他多个学科的学习。

(3) 五个步骤:全班授课、分组学习、实施测验和小组反思、记分、小组表扬。

2. 小组游戏竞赛法(简称TGT)

(1) 定义:让能力相近的学生进行比较和竞争。

(2) 适用:小学和中学数学、历史、语文、外语等多个科目的学习。

(3) 五个环节:全班教学、小组学习、游戏竞赛、记分和奖励。通常一周或一个单元结束时进行一场游戏竞赛。

(4) 竞赛规则:

① 问答式:即选手轮流抽题,对抽到的题目进行回答。

② 测验式:即选手们到各个竞赛小组中,各自独立完成一套题,然后根据答对的题数或分数进行排名,转换为竞赛积分加到各自学习小组的总分中。

(5) TGT与STAD联系和区别:

① 类似:强调在全班授课的基础上进行小组学习。

② 区别:评分方式的改变。TGT让不同小组中成绩和能力相近的学生组成竞赛组,进行组间竞争,组内合作,根据其在竞争中的名次换算积分,最终计算小组得分。由于学生的成绩和能力是不断变化的,竞赛组的构成需要不断调整。

3. 拼图法(又称切块拼接法)

(1) 定义:在全班授课和个人思考的基础上,将学习任务分解成不同的部分,然后将完成共同学习任务的学生组成一个“专家组”,围绕共同的学习任务和材料进行讨论;讨论清楚后,各自回到自己原来的小组,教授给小组的其他成员,使大家共同掌握所学的全部资料。

(2) 适用:历史、政治、地理等概念性较强的学科。

(3) 课前准备:制作拼图、专家单、讨论提纲、测验试题、记分纸和观察表。

课堂实施:全班授课、分组学习(包括个人思考、专家组讨论、回到小组报告)、评价、奖励。

(4) 拼图法重视小组奖励和小组竞争结合,专家组的组建是其特色,对个体的学习潜力给予了充分的肯定,对个体的合作技能尤其是倾听和解释的技能提出了较高的要求。

4. 小组辅助教学法(又称小组辅助个别化学习,简称TAI)

(1) 定义:让基础和学习速度不同的学生组成一组进行自定步调的个别化学习,结合分层教学与合作学习。

(2) 适用:三至六年级的数学教学(或者教年级稍高但代数能力差的学

生)。

(3) 步骤:前测与分组、分组教学与分组学习、单元检测与评比、奖励等环节。

(4) 课前准备:每个单元的说明页、练习页及其答案、形成性测验及其答案等,让学生可以按照各自的进度自由地学习。

(5) 课堂实施:分组学习、小组评价、单元测验、全班单元教学。

5. 合作统整读写法(简称 CIRC)

(1) 适用:中小学阅读、写作、文学赏析和说话教学,结合同质教学小组与异质学习小组,把对学生读、写、说三方面能力的提高有机统一起来。

(2) 课前准备:分组(4～6 人异质小组)、教师准备各种阅读材料及相应的提示单。

(3) 课堂实施:

① 阅读活动的课堂组织:全班教学、小组学习(包含配对朗读、故事结构和写作练习、生字、新词朗读、定义词义理解、故事复述、写生字等环节)、同伴检查、测验。

② 阅读理解能力的直接教学。

③ 写作整合活动。

④ 独立阅读。

⑤ 评价和奖励。

(4) CIRC 属于高结构性的小组,强调学生对字词意义的理解而不是机械记忆,强调对故事发展的预测而不是机械地利用阅读策略分析课文,强调阅读技能的外显教学,鼓励学生通过查字典、课外阅读等方法获取信息,可以提高学生的语文学习能力和解决问题的能力,帮助他们实现自主学习,促进学生语言能力的全面发展。

(二) 小组调查法(又称团体探究法,简称 GI)

(1) 定义:注重发挥学生学习的自主性和探究性,体现建构主义教学。

(2) 适用:历史、地理、生物、文学、化学等科目。适合于开放性问题和复杂任务的学习和教学,学习任务应该提供探究的空间。

(3) 特征:调查研究、同伴互动、多项解释和内部动机。

(4) 课前准备:引导学生确定好研究的主题,准备好相关的资源,教授必要的社会技能,并准备好观察记录单等。

(5) 课堂实施：界定研究主题并组织研究小组、计划研究工作、进行研究、准备报告、呈现报告和学习评价。

(6) GI 强调任务互赖和目标、奖励互赖，强调学生之间的社会性互动，发挥学生学习自主性，强调培养学生自主学习的意愿和自主学习的能力，调动学生对于学习过程设计和知识产生的主动建构作用，教师则转变为学生学习的促进者。

（三）共同学习法（又称学习圈，简称 LT）

(1) 适用：从幼儿园到大学各个年级、各个学科的学习。

(2) LT 强调积极互赖、个人责任、异制分组、社会技能、小组反思五要素。

(3) 课前准备：教学目标具体化、确定小组规模、异质分组、小组空间安排、利用教学材料促进学生互赖。

(4) 课堂实施：

① 组织和做任务结构并详细说明：分配角色促进学生互赖、解释学习任务、建立积极的目标互赖、建立个人责任、建立组间合作、解释成功标准、对期望学生表现出的行为具体化。

② 学生合作学习、教师监控和干预：监控学生的行为、提供协助、接入并教授合作技能。

③ 师生一起评价和反思合作学习：学习总结、评价学生的学习情况、评估小组合作情况。

（四）结构法

(1) 适用：从小学到大学的所有年级和所有科目。

(2) 基本原则：同时性互动、平等参与、积极互赖和个人责任。

(3) 基本要素：结构和相关构造、基本原则、团队建设和班级建设、团队、管理、社会技能。

(4) 结构举例：

① 三步采访法：把四人小组分成两对，学生之间轮流采访，每个组员都向小组其他人报告自己的采访收获，体现了平等性、个人责任和相互分享。

② 大家动脑筋：通常在学生复习刚学过的材料时使用，组员可以相互检查理解和掌握情况，并进行同伴辅导。学生进入小组后一次报数，每人获得一个号码，教师随机叫一个号码，各组中获得这个号码的学生都要轮流站起来回答教师的问题，以该学生的表现代表全组的小组测验成绩。被叫的号码代表

小组回答问题,体现出个人责任。每个组员都可能被教师抽到,体现了平等参与。

③ 内-外圈:将学生平均分成两组,一组在外圈,一组在内圈,配对完成后,内圈或外圈的学生向顺时针挪动一个人,新搭档再用相同次序回答教师新提出的问题,如此下去。

④ 独思-同议-共享:学生一对一坐好,教师提出问题,学生单独思考。在规定的时间后,配对学生交换意见,并得出一个一致的结论。讨论结束后,教师随机提问,学生要用两人讨论出的结果进行回答。训练学生提出观点、概括多人的观点以及修正自己的观点,可以提高学生的归纳推理、演绎推理和应用知识的能力,培养学生专心参与和倾听的品质。

⑤ 一人留,两人走:一个组员留在“大本营”,另外两个组员离开本组,到其他组去参观他们感兴趣的小组成果展示。留下的组员要负责向其他组来参观的同学介绍本组的成果,并回答来访者的提问,出去参观的组员认真听取,学习他组的方法及成果,回到自己小组,一起商议改进本组成果的方案。交流结束后,开始新一轮展示活动,进行三轮。

(五) 同伴辅导(又称同伴教学)

(1) 定义:同伴之间通过承担不同的角色,有辅导者支持、帮助,促进被辅导者经由学习获取知识和技能。辅导者可以由父母、高年级学生或同班同学等担任,而不是由受过专业训练的教师担任。

(2) 特点:

① 规模:最常使用一对一辅导模式。

② 角色分配:辅导者是更有能力和权威的人,被辅导者是能力较低和知识较少的人。

③ 任务:关注学生在语言、算术等方面的基本技能,以及在课堂教学所强调的基础知识,通常用于“补差”。

(3) 强调知识单向传递,最类似于传统教学的一种合作学习方式。

(4) 同伴辅导举例:

① 配对阅读:有阅读能力一高一低两人组成,作为常规阅读课(语文课)的补充。过程包括:一起阅读、独立阅读、停顿、纠错、鼓励、重新一起阅读、测验等环节,目的是提高学生阅读能力,重点纠正学生朗读中字词的错误读音、添字漏字、读破句等,关注的目标为尚处于阅读理解加工中的初级水平。

② 全班同伴辅导：在班级内部开展的同龄同伴的辅助教学项目，它是一种更接近合作学习的同伴辅导模式。实施过程包括讲授、提问、回答、核查答案与加分、纠正、重复练习、转化角色、教师的观察与监控、测验、分数统计与奖励、重新分配等多个环节。

(5) 同伴辅导认为学生可以在更有能力同伴的帮助下，从现实发展水平向前迈进一步，达到一个新的发展水平，从而体现了学习的社会性。坚持知识的传递观，适用于事实性知识和基本技能的传授，尤其重视积极互赖、个人责任和社会技能。

四、组织策略篇

面对“联盟”内复杂的人际互动和角色分工，教师和学生如何能够高效顺利地完成合作学习任务？有何原则策略可以保证小组合作的组织运转？下面我们介绍一些有关合作学习的组织策略，希望能解决这些矛盾问题。

(一) 培养积极互赖

1. 目标互赖

教师可以给各“联盟”明确的、可测量的学习任务，然后向学生说明任务的目标是通过整个小组完成的，而不是只针对个别同学的要求。

常用的方法：

(1) 在合作学习后，小组成员上交一份代表共同智慧结晶的作品，如宣传海报、活动总结、实验报告等。

(2) 每个成员参与讨论导学案上的任务，并都能正确解答所有问题。

(3) 每个成员在检测反馈中做对 90% 的题目，以整个小组的平均分作为加分依据。

交流展示中，教师要确保每个成员都能按顺序、有秩序发言。我们可以制订若干规则来限定发言的次数，例如教师可以制作发言卡、传递“麦克风”等，诸如此类，就解决了“这里的课堂静悄悄”的窘境，也解决了“少数人垄断课堂”的难题。

2. 资源互赖

资源互赖是让学生共同使用和分享有限的教学资源，如教材、学案、多媒体、实验器材等学习材料。可通过以下步骤来实现：

(1) 先给“联盟”分配有限的资源，如只给小组一套完整的学习材料。

(2) 通过“联盟”内分工，让每个学生只有材料的一部分，鼓励在研习完自己部分内容后，负责讲解给其他成员。

(3) 每个成员贡献自己的研究内容，汇总形成共同成果，作为组间交流和课堂展示的依据。

(4) 教师还应鼓励本组内成员相互补充、完善资源共享。

3. 奖励互赖

奖励互赖是指“联盟”中每个成员为获取奖励而协同施加的相互间的积极影响。

内部奖励：① 教师要善于培养小组成员间的团队精神，积极增强学生的人际交往技能；② 本着“跳一跳，够得到”的理念，教师给予小组既富有挑战性又力所能及的任务，让组员们感受到每次合作努力都有进步、有收获、有意义。

外部奖励：奖励的形式和种类应多元化，可以是教师的评价表扬，可以是来自其他组同学的认可肯定，也可以是写着小组名字的奖状和奖品，还可以是特殊的“待遇”，充分设计和利用好课堂教学评价表和考核表，形成积极、良性的竞争氛围。

4. 任务互赖

任务互赖就是各成员开展的任务相互关联、彼此依赖、协同配合。实现任务互赖的最好办法，就是给小组成员分配不同的角色、分派特异性的任务。例如：

(1) 数学探究的小组交流或展示过程中，分别负责讲解基本公式、介绍解题思路、总结归纳方法规律、补充拓展发散联想、提醒注意陷阱细节等。

(2) 物理、生物、化学实验报告的撰写，有负责写研究目的、仪器设备与研究方法的，有负责研究过程、观察现象和记录数据的，有分析实验结果、总结归纳小结的。

教师要发挥导向作用，活动开始前教授必要的技能和方法，合作学习才能高效、有序地顺利进行下去。

5. 外部对手互赖

外部对手互赖就是成员们合作战胜共同的对手。这个共同的对手我们既可以指人，又可以把它物化。

(1) 组间竞争

以小组整体成绩来仲裁教学活动的胜负。组间竞争时，要让所有人明确规则和标准；既要让他们“有章可循”“有法可依”，又要他们关注小组整体，明确本组中自己的目标和任务。教师宜注重过程、采用进步比较的计分方法。这样，就不会只盯着“高分优生”，而忽略了学生的自主潜力。

(2) 意志“敌人”

我们还可以让学生的外部对手是存在于我们思维头脑里假想的意志上的“敌人”。例如，可以把事先设定的成功标准当成“对手”，可以把以前所取得的成绩当成“对手”，还可以把学生展现的素质能力当成“对手”。

6. 责任互赖

建议学生在报告展示过程时把“我认为”转变为“我们以为”，把学生作为其中重要的一员履行责任，培养学生具备真正的团队意识。小组共同的作品完成前，让小组成员在作业本上签上自己的名字，以表明这是所有人共同努力的成果。

(二) 强化个人责任

1. 任务分配

保证赋予“联盟”成员的特异性任务都是独特的，与其他成员有所差异；且成员之间不能替代，只能在需要帮助时提供支持。宜采用如下方法：

(1) 拼图法：分配组员独特的问题或材料，自主独立钻研，还负责把自己的内容教会他人。

(2) 小组调查法：小组成员单独就自己的调查目标和任务展开活动，然后向他人提供参考借鉴。

(3) 三步采访法：结对的同伴轮流提问和回答对方的问题。

(4) 内-外圈法：结对的伙伴轮流就相同主题发表自己的观点。

2. 考核和测验

(1) 小组合作时，教师巡视、观察并记录各个成员的参与、合作情况，给予一定分数、等级或评语。

(2) 教师让每个学生交一份作业或作品，来抽测考核个体的完成和掌握情况。

(3) 教师通过当堂检测，让学生独立完成检测，测验学生合作学习效果。

(4) 当小组合作学习成果是以共同形式上交时，教师可以要求在作品中说明各个成员的分工和完成情况，也可以让成员各自上交总结心得，论述自己在活动过程中的收获和思考。

(5) 教师可就重点问题向非负责成员随机提问，如“如果让你来做你会运用什么方法”，小组所有成员都“经受考验”，大家一起动脑筋，来保证个人责任，维持积极互赖。

考核的目的是“先学后教”，所以应科学合理，不宜过于频繁，否则会给学生造成过重的压力和负担，束缚小组合作学习，反而不利于学习任务的完成和学习效率的提高。

（三）措施合理有效

1. 对各“联盟”不能一致时间完成任务的处理

各个“联盟”完成任务速率存在差异，完成时间可能会不一致，可采取以下措施来解决：

(1) 检查已完成任务“联盟”的作业情况，核查其完成质量，观察有无需改进之处。

(2) 对于真正完成任务的“联盟”，不宜再增加额外任务，可以允许其进行与学科有关的拓展深化研讨。

(3) 如果有两个或以上“联盟”完成任务，可让他们相互交流成果、碰撞思维、补充完善。

(4) 让先完成的“联盟”对存在困难小组提供思路点拨、经验介绍和方法指导。

2. 对学生不注意听其他小组报告的处理

我们在小组合作学习的展示或汇报阶段，经常会发现有些学生不集中注意耐心倾听其他组的报告，可采取以下措施：

(1) 不同小组采取不同的任务，明确要求后面组不得与前组内容重复或简单机械地生搬照抄。

(2) 让每个组员负责一个部分，让所有人动起来。教师和其他“联盟”可以对同学提问并要求其回答。

(3) 让“联盟”在汇报前就把报告提纲统一上交。每个“联盟”汇报完接受其他“联盟”的提问，回答情况记入评比得分中。

(4) 在一个小组报告完后，教师和其他小组要对报告内容及回答情况进行评估。

3. 对个别成员控制“联盟”活动的处理

有些学生会出现霸占“联盟”活动的表现，比如独占发言权、抢占报告时间、忽视暂时落后成员……对于类似“课霸”和“吐嚎”，我们可以采取如下措施：

(1) 采用综合性的、需要多元智能互助解决的合作任务，让类似学生不能独立轻易解决问题、失去绝对优势。

(2) 教师要及时与类似学生单独谈话，帮助其认识到团队合作和整体荣誉。

(3) 让他们观察其他组的平等互助合作，思考把发言机会让给其他同学后的结果和效果。

(4) 限制话语霸权者的发言次数和发言时间，也督促不爱发言学生必须积极参加。

(5) 设置不同职责相互监督，安排监督员的角色，要求“强势”让出发言权，邀请和鼓励“弱势”发表观点。

(6) 少说多写。“说”是继时性活动，很容易抢占“频道”，不容易捕捉信息；“写”是同时性活动，方便操作，一目了然。可以通过“独写”“对写”“合写”“转圈写”“传递写”方式，提炼共同观点，舍弃个别意见，达到集思广益。

4. 对学生在小组合作中不能深入思考的处理

有的“联盟”合作只停留在问题表面或教师提问的表层，不去思考探寻更好、更多的解答，可以尝试采取以下方法：

(1) 鼓励学生尝试更多的方法，运用发散思维和逆向思维，大胆尝试，勇于创新，不要害怕冒险和出错。遇到挫折和回答错误时，教师不要“一棒子打死”，要持肯定和鼓励态度。

(2) 提出较为开放性问题，而不是只提出答案唯一的问题，让学生有所发挥、有所作为，但最好能给出指导性的参考答案。

(3) 当学生论述解答时，教师不要急于纠错，马上判断和评价，要“停一停、让一让、缓一缓”；可以及时追问“为什么这么说”“从哪儿得出的这个结论”，向学生传达“过程、思路、方法比答案更重要”的信号。

(4) 教师及时整理归纳课堂发言，接纳汇总意料之外但言之有理的解答，如果能把它编进指导反馈中，对学生的创新是一种巨大鼓励。

5. 对学生为了达成一致意见而排斥不同声音的处理

学生有时会将团队精神极端化，错误地认为“组内观点要绝对一致”“组内成员要绝对团结”。建议教师采取以下措施解决：

(1) 教师可以运用自身事例来阐述不同意见给予自己的帮助，以表达不同意见的价值。

(2) 教师要引导学生认识到,不同意见只是观点或角度不同,而不是有意"拖小组后腿"。

(3) 教师仍应鼓励学生敢于表达自己的不同意见,给出合理的依据和充足的证据。

(4) 小组可以求同存异,即在报告时可以先论述达成共识的部分,再让有其他意见的组员表达自己的观点。

(5) 对于迅速找到"一致观点"的小组,教师或其他组要进行适度的挑战。如"你们有没有考虑过这个答案还存在什么问题""有没有考虑其他方案可行性"或"还有没有进一步的补充"等,以此督促小组将问题思考、小组讨论、合作探究等引向深入。

在解决争议过程中,教师要当好协调员、仲裁员的角色,起到积极导向的作用,引导合理争议向建设性、有意义的方向发展。同时,小组内维持讨论秩序的角色如小组长、调解员、监督员作用也至关重要。

五、激励评价篇

小组合作学习需要通过评价向师生反馈信息,调校、激励合作学习的推进。小组合作学习是以"组内合作、组间竞争"为宗旨,以"不求人人成功,但求人人进步"为目标,因此,评价中既要重视个体,更要突出群体。为了充分调动合作学习小组成员合作学习的积极性,真正实现有效的合作学习,培养学生的语言表达能力、团结协作能力、逻辑思维能力、探索创新能力、实践应用能力,促进自主学习课堂教学模式向纵深发展,特制订本方案仅供参考。

(一) 小组合作学习的评价原则

(1) 及时:在学生讨论过程中、发言过后,教师的及时、积极的评价会给学生小组和个人以继续学习的动力,无论是肯定的或是否定的评价,都表明教师在关注学生的学习过程和结果,这对于学生来讲也是一种心理的需要。

(2) 客观:教师在评价时切忌一味表扬学生,在对小组进行评价时,也不能因为某小组内有优等生就对此小组特别"照顾",明显的偏袒及有失公正、公平,会损害大多数小组和成员的利益,终使教学效果大打折扣。

(3) 具体:对学生回答问题的评价要实事求是地鼓励、引导和点拨,模棱两可的评价、含糊的评价对学生的成长和进步没有益处。教师的评价既要对学生进行充分肯定和表扬,也要给学生指出明确的努力方向

（二）小组合作学习的评价形式

（1）教师评价：教师对学习小组的评价，要以小组的集体成绩和表现为评价对象，目的是促进小组之间的竞争，以此带动和促进小组内各成员间的积极努力和相互合作，使每个同学的能量最大限度地发挥出来。教师对学生个体的评价可以从学生学业成绩的动态变化情况、参与小组合作学习的情况，学生的基础知识掌握、基本技能的获得情况，学生发现问题、解决问题的能力及发展情况等方面结合进行评价。

（2）小组互评：小组间的互评可以针对他组进行课堂即时评价、阶段性评价、学期末总结性评价。课堂合作学习即时评价应当针对小组展示过程中小组合作的方式、组员发言的质量、合作的默契度进行评价；阶段性评价侧重对某一时段内小组合作学习所表现出的协作能力、团结精神和耐挫程度的评价；学期末总结性评价应当以小组成员的学习成绩数据显示及成果统计为评价依据，着重评价小组的进步情况。

（3）组员自评：组员自评是学生对自己的学习进行自我检测和自我反省，是学生自我完善的“催化剂”，组员自评可以评价自己在小组合作学习过程中的倾听、交流、协作情况，也可以对照自己制定的目标进行自身达标性的评价。

（三）小组合作学习的评价细则

学期开始每个“联盟”分配原始基础分数 100 分，每位成员有基础分 50 分。

1. 课前预习

能够按老师或“联盟”的要求完成预习任务，生成预习成果并能在预习过程中发现具体的问题。将其划分五个等级。按照 5、4、3、2、1 赋分，每丢失一份导学案减去 5 分。

注：“联盟”全体成员都能按时完成课堂教学中老师布置的自主学习任务，展示自主学习成果，并能生成新的问题，这样的小组是 5 分。

2. 课堂评价

（1）小组合作评价（40 分）

① 合作学习有效，合作气氛热烈。（6 分）

② “联盟”成员都能够积极投入，主动发表个人见解。根据各小组参与人数给小组加分，每人次 1 分，最高 6 分。（6 分）

③ 合作小组能有效地关注学业不良学生，“联盟”内的优等生和中等生能

积极地关注边缘生和学业不良学生的学习，合作、指导、帮扶意识强。(7分)

④ 通过合作学习，学业不良学生能独立完成基本的学习任务，并有展示学习成果的愿望，并能以板书形式展示出来，且能较流利地进行叙述或讲解。(8分)

⑤“联盟”内每个成员都能顺利地解决与讨论问题类似的问题。(7分)

⑥ 优等生和中等生能够运用不同的方法解决类似问题。(6分)

(2) 当堂展示评价

展示讲解环节时，要从书写是否整齐、语言是否流畅、讲解是否准确、衔接是否自然、拓展是否恰当、形式是否多样方面进行评价，每项按5分计，共30分。

当堂评出优胜的“联盟”、“展示之星”，师生要给予掌声祝贺。同时优胜小组奖励加10分，“展示之星”所在小组加5分。

(3) 作业评价

全体“联盟”成员每次都能按时完成作业，给“联盟”和个人加10分；书写整齐，且作业数量符合要求，格式书写规范，错误少，另给小组和个人按人次每人加5分。如有不交作业者，按人次分别给“联盟”和个人减分，10分/人。如有抄袭作业者，按人次分别给“联盟”和个人减分，20分/人。

注：课后能够按时独立完成作业，不抄袭他人作业，对于有困难的问题能主动向其他成员或老师请教，对出现的错误能够在其他成员或老师的帮助下予以更正。视情况进行个人加分鼓励，5分/人。

(4) 课外拓展加分(上限20分)

①“联盟”内优等生、中等生能提出探究性的问题，供“联盟”内或“联盟”之间进行讨论，当探究、讨论遇到障碍时能够主动地请教老师。(7分)

② 能认真倾听其他“联盟”成员关于探究问题的意见并能展开讨论。(7分)

③ 对老师布置的探究性问题能主动地通过收集、查阅资料，调查访谈，生活实践中寻找答案，并能在“联盟”内及全班进行反馈交流，达到资源共享。(6分)

(5) 学习成绩

以上学期月考、期中、期末考试为依据，计算各“联盟”均分和每个成员的均分，作为“联盟”基础分和个人基础分。

"联盟"成员个人加分：测验分数低于基础分10分以上，加0分；低于基础分1～10分，加1分；高于基础分10分以内(含基础分)，加5分；高于基础分10分以上，加10分。

"联盟"加分：小组测验均分低于基础分10分以上，加0分；低于基础分1～10分，加5分；高于基础分10分以内(含基础分)，加10分；高于基础分10分以上，加20分。小组均分高于基础分10分以上的组长加20分(组长本人进步才能享受)，组员加10分(本人进步才能享受)；个人班名次每进步一名加5分(如进步4名次，个人加20分)。

(四)"学习者联盟"积分、奖励办法

(1) 设立"学习者联盟"评价积分表，按语文、数学、英语三科设立。

(2) 班主任利用每天的讲评时间总结表扬当天的优胜"联盟"、优秀小组长，总分前五名的"联盟"各贴一个红色★；每周评出班级的优胜"联盟"，总分前三名的"联盟"各贴一个红色★；每月小结一次，根据得★多少评选出前三名小组，各贴一个红色★。

(3) 期中和期末各表彰一次，各班根据各"联盟"得★多少，评选出4个优秀合作候选"联盟"，再评出期中或期末小组总成绩均分进步较大的4个小组，两项均名列前4名的"联盟"为优秀合作"联盟"，组长是优秀小组长，对优秀小组长的奖励同年级总分前30名的学生。

(4) 根据各小组单科总成绩均分，评选出各学科单科第一名小组。

(5) 根据每个学生个人的量化成绩，按照得分名次评选出5名"展示之星"。

(五) 保障措施

(1) 全体老师高度重视，积极投身到实践中，积累经验，定期交流。

(2) 定期和不定期地抽查，开教师、学生座谈会，发现问题，及时整改，制定相应的考评制度保证其效果。

第六章　课程的评价

课程评价是整个课程实施当中最重要的环节之一。没有评价的课程是不完整的，也是无法达到效果甚至是无法保障课程持续实施的。建立科学的课程评价体系对于课程目标的实现、课程实施的过程监控、课程效果的达成都起到至关重要的作用。我校基于思想品德学习内容的综合实践活动课程既兼有初中思想品德课程评价的特征，更撷取了综合实践活动课程评价的要素，因地制宜地结合本校校情、学情，构建了具有校本特色的课程评价系统。基于这一课程开发的核心理念，我们确立了“过程评价与结果评价相结合、多元评价与团队评价相结合、情感态度价值观评价与知识技能评价相结合”的“三结合”原则，并在这一原则的指导下有效开展课程评价。

第一节　课程评价的内容与方式

一、课程评价的内容

课程评价的内容与方式都按照“学生”和“教师”两个维度进行。

（一）学生方面的评价内容

依照课程评价体系标准，在对学生进行评价时，又具体分成“学习者联盟”的小组评价和对学生个人表现的评价两个维度。对“学习者联盟”的学习小组评价主要有以下六个方面，14 个要点，见下表。

（1）研究性学习或项目学习小组（学习者联盟）的选题水平、适切程度及可操作性。

（2）研究或项目计划的制订情况。

(3) 研究或项目计划的落实情况。

(4) 学习者联盟内的分工合作情况，组织和管理水平情况。

(5) 学习者联盟内部问题解决的情况。

(6) 文献材料的搜集、整理、分析和加工情况。

(7) 阶段性目标的完成情况。

(8) 活动结果或产品情况。

对“学习者联盟”进行小组评价的表格如下：

小组	内容	得分
一、选题情况	1. 选题水平(5 分)	
	2. 适切程度(5 分)	
	3. 可操作性(5 分)	
二、计划方案	4. 完备程度(5 分)	
	5. 可操作性(5 分)	
	6. 落实情况(10 分)	
三、运行机制	7. 分工情况(5 分)	
	8. 组织管理(10 分)	
	9. 问题解决(10 分)	
四、资料加工	10. 完整程度(5 分)	
	11. 搜集途径(5 分)	
	12. 分析加工情况(5 分)	
五、阶段成果	13. 成果情况(10 分)	
六、结果产品	14. 结果或产品情况(15 分)	

对学生个人进行评价的内容主要有：

(1) 参与活动的态度和表现。

(2) 活动过程中的合作精神与合作能力。

(3) 与活动相关的知识、方法和技能的掌握情况。

(4) 综合能力与素养的发展。

(5) 履行职责与成果。

以下为学生活动评价表，前两项由学生本人打分，二、三两项由

“联盟”内其他成员打分，最后一项由教师打分。

姓名		得分
一、认真学习，取得知识、技能的提高		
二、敢于质疑，勇敢表达自己的看法		
三、善于合作，为团队做出贡献		
四、积极参与，履行职责，认真负责		
五、学会某项特长，综合素养有所提高		

（二）教师方面的评价内容

学校为加强课程管理，特别是对课程实施过程的管理，依据课程自身的特色和规律，制订了对教师指导实施课程情况的评价体系。这一体系包括了十个方面，22 个要点，见下表。

1. 工作态度

活动前的准备工作情况，认真备课；民主、平等地对待学生，经常为学生做具体指导；善于与其他教师协作，集思广益，互相取长补短。

2. 教学理念

能够清楚把握本课程的基本理念，充分创设情境或带领学生积极参与实践，能够充分发挥学生的主体作用；把自己作为“学习者”，作为“平等中的首席”参与到“联盟”的学习活动中去。

3. 教学方法

能够根据学生年龄特点和身心发展规律组织开展适宜的教育教学活动；活动过程中能抓住重点、难点为学生释疑、解惑；能熟练掌握研究性学习的组织教学方法和开展社区服务与社会实践的指导要点。

4. 资源开发

具有资源开发的意识，对学校及周边可利用资源充分了解；能够主动利用各种条件开发周边资源；能够引导学生利用资源开展活动。

5. 活动设计

能够结合活动主题，调动自己已有知识储备及周边可利用的资源，有创意地设计活动内容；能够在他人活动设计基础上，利用周边资源，对活动内容进行二度开发。

6. 指导意识

有意识地对学生活动过程进行巡视、指导；对特定学习者联盟小组或学生加强指导和反馈。

7. 指导能力

善于发现学生活动中的问题和困难，为学生提供有价值的建议和意见；帮助学生调整活动方式或研究角度；能够提供相应的知识背景材料；能够指导学生撰写调查报告、小论文等。

8. 合作意识

具有与其他教师智慧分享的合作意识；在为学生解决问题或困难的过程中，能积极调动学生、同伴的主动性，引导大家共同参与，在学生或同伴遇到困难时，能主动奉献自己的智慧。

9. 专业学习

能够主动学习课程的前沿知识，根据学生探究的内容钻研有关知识，掌握有关科研方法，提升指导水平。

10. 实施效果

能够引导学生进行有效的总结反思，指导的小组成果展示具有一定的质量。

教师姓名	内容	得分
一、工作态度	1. 活动前的准备工作情况，认真备课	
	2. 民主、平等地对待学生，经常为学生做具体指导	
	3. 善于与其他教师协作，集思广益，互相取长补短	

续表

教师姓名	内容	得分
二、教学理念	4. 能够清楚把握本课程的基本理念，充分创设情境或带领学生积极参与实践，能够充分发挥学生的主体作用	
	5. 把自己作为“学习者”，作为“平等中的首席”参与到“联盟”的学习活动中去	
三、教学方法	6. 能够根据学生年龄特点和身心发展规律组织开展适宜的教育教学活动	
	7. 活动过程中能抓住重点、难点为学生释疑、解惑	
	8. 能熟练掌握研究性学习的组织教学方法和开展社区服务与社会实践的指导要点	
四、资源开发	9. 具有资源开发的意识，对学校及周边可利用的资源充分了解；能够主动利用各种条件开发周边资源	
	10. 能够引导学生利用资源开展活动	
五、活动设计	11. 能够结合活动主题，调动自己已有知识储备及周边可利用资源，有创意地设计活动内容	
	12. 能够在他人活动设计基础上，利用周边资源，对活动内容进行二度开发	
六、指导意识	13. 有意识地对学生活动过程进行巡视、指导	
	14. 对特定“学习者联盟”小组或学生加强指导和反馈	
七、指导能力	15. 善于发现学生活动中的问题和困难，为学生提供有价值的建议和意见	
	16. 帮助学生调整活动方式或研究角度	
	17. 能够提供相应的知识背景材料	
	18. 能够指导学生撰写调查报告、小论文等	
八、合作意识	19. 具有与其他教师智慧分享的合作意识	
	20. 在为学生解决问题或困难的过程中，能积极调动学生、同伴的主动性，引导大家共同参与，在学生或同伴遇到困难时，能主动奉献自己的智慧	
九、专业学习	21. 能够主动学习课程的前沿知识，根据学生探究的内容钻研有关知识，掌握有关科研方法，提升指导水平	
十、实施效果	22. 能够引导学生进行有效的总结反思，指导的小组成果展示具有一定的质量	

二、课程评价方式

（一）学生方面的评价方式

1. 建立学生综合实践活动档案袋

从主体上看，档案分为“学习者联盟”和个人两种；从形式上看，分为纸质和电子两种。目前，我们所使用的档案还比较简单原始，主要是记录个人或“联盟”在进行综合实践活动时的一些过程，并根据过程性资料的完整性、质量进行赋分评价。主要看收集的材料是否能反映活动的全过程，如是否有活动计划、活动记录、调查表、出勤登记表、实验记录表或调查记录表、原始数据、学习体会、日记等与活动有关的文字、图片、音像资料，收集的信息是否进行过二次加工的分析处理等。收集上来的信息经过指导教师的认真检查梳理，登记到相应的评价表上去。评价表一式两份，电子稿由学校课程中心汇总留存，纸质稿在指导教师手中保管，随时可用作指导学生，帮助学生了解研究情况，改正和弥补研究活动不足之用。

2. 即时评价

这种评价方式主要由综合实践活动的指导教师在平时教学和活动过程中通过认真细致的观察，对各“联盟”及学生个人在具体活动中的表现及时进行评价和记录，如成员参与活动的态度，同伴间的互助合作情况，活动中表现出来的特长与存在的缺点等。这一评价方式具有即时性、客观性的优点，但是指导教师必须注意：一是要及时记录，保证评价数据的客观性；二是长期积累，切忌虎头蛇尾，要做到坚持不懈，否则评价数据会有失公允。

3. 成果展示评价方式

这种评价方式主要是通过创设场所，搭建平台“集中展示”来实现的。例如，在课题研究或项目研究的中期阶段和最终阶段举行学生的小论文、研究报告、研究过程性材料评比展示活动；学生现场口头汇报、表演、模型、设计方案等成果，以此来对“联盟”或个人做出评价。此类评价方式的优点是:可以让学生充分深度参与、整理自己的研究成果或项目产品,并通过集中展示的途径强化其对该项研究的深度思维和深入理解,帮助学生养成及时反思的习惯。

4. 书面测试

这种评价方式是采用传统的书面评价的手段进行的。指导教师根据学生的年龄和身心发展特点,对学生在研究性学习或活动中需要掌握的基础知识、基本方法技能、对问题理解的深度、情感态度价值观的树立情况,通过书面文字创设情境的方式呈现出来。

(二) 教师方面的评价方式

学校对教师的评价也同样应当遵循课程的基本理念,即充分发挥教师的主体地位,采用“过程性、多元化、重合作”的评价。以自评为主,结合学生评价、同学科教师互相评价与学校评价等多种方式进行综合评价,这样评价的可信度和客观度才较高。

(1) 常规检查:是否认真备课、撰写教案,做好指导工作的记录。通过教师自主申报方式,落实每学期一次的公开教学活动,由此了解教师教学设计能力、课堂教学组织能力、课堂师生关系的处理及有效教学的情况。

(2) 问卷调查:分教师自我评价和学生评价,通过学生问卷调查方式,了解学生对该教师活动指导的满意度。这项工作一般可由学校教务部门在学期结束时进行。

(3) 作品评价:通过对学生研究成果、作品的检查和评价,也可以相应看出指导教师的态度、水平等情况。

第二节　富有校本特色的评价
——课程表现“积分卡”制度

为了适应新形势下进一步加强和改进学校教育和课程管理工作,全面提高学生的素质,我校于 2014 年 3 月开始开展校园“积分卡”评比活动,使教育的目标更加明确,教育方式、方法更加完善,教育效果更加显著。自 2016 年年初开始“基于思想品德学习内容的校本化综合实践活动课程”实施以来，结合前期校园“积分卡”评价制度在育人功能上的体现和“学习者联盟”的课程载体建设，我们又不断充实和完善了校园“积分卡”评价体系，使之成为一种能够适应新课程与教学改革背景的、内涵更加广泛的、充分体现出二十二中办学特色的课程评价制度，在课程实施的过程中发挥了巨大的作用。

一、校园“积分卡”的诞生

当今社会，不少学生缺乏责任感，缺少个性发展的机会，更有学生举止行为缺乏文明表现。针对这些现象，学校一直在寻找方法策略来进行有效的教育疏导。在探索思考的过程中，受到“第三次科技革命”美国“可汗学院”做法的启发。学生在玩电子游戏的过程中为什么能够全身心投入并且乐此不疲？其中有一个重要的原因就是：电子游戏的设定都有一个“过关打怪”、升级奖励的内容，正是游戏这种设置吸引了学生(包括很多成年人)深深地沉迷于电子游戏而无法自拔。假如学校教育活动能够吸取游戏设定的优势，顺应学生的心理发展特点，也可以起到传统教育活动所难以达到的效果。基于这样的思考，我们开始着手制订校园“积分卡”的评价方案与实施细则。

二、校园“积分卡”评价制度的实施

最初阶段，学校开展校园“积分卡”评价活动还主要是以学生基础文明养成为目标。从学生的日常行为规范的检查着手，对学生学习习惯如上课、交作业、完成作业等方面进行及时评价；对学生的日常行为如不迟到、不早退，见到老师止步、行礼、问好，与同学友爱相处，认真值日，上下楼梯不拥挤、靠右行等基础文明行为情况进行及时评价；同时，学校结合各类重大活动，如艺术节或“六一”节的才艺比赛，以及参与大型文艺汇演等形式，学校还不定期地开展书法比赛、书画展，来充分展示学生的才艺、文明(如学生的穿戴、言行、举止等)、管理(如课堂纪律、班级卫生、学生之间的矛盾处理等)各方面进行全面评价，并对表现优异的学生给予“积分卡”奖励，到学期末时,每位学生都可以拿获得的“积分卡”兑换相应的奖品。学校还将对表现出色、获得“积分卡”的最多的小组,给予“优秀小组”的称号和奖励。“积分卡”评价引导学生提高了自己的思想境界,规范了自己的日常行为,养成了高尚的道德情操。

随着2016年年初学校课程建设的实施和“学习者联盟”课程载体建设的运行,我们又不断把“课程为学生发展服务、评价为课程实施服务”这一理念贯彻到校园“积分卡”的评价体系中去,把课程内涵的内容、综合实践活动的内容评价与“积分卡”相结合,有效地调动了学生参与“学习者联盟”建设和参与课程的积极性和创造性。

首先,我们建立了“积分卡”制度的组织领导和实施机构:

为进一步完善学生评价机制,我校结合学生学习、生活实际,按照科学设计、有效引导、活动多角度、多元化等决定在全校实行“积分卡”评价,以此激发学生参与学习、活动的浓厚兴趣,形成人人争“分”夺“卡”,力争“优秀小组”的良好局面。为了确保本办法实施到位,深入开展好“积分卡”评价制度,学校成立以校长为组长的“积分卡”评价实施方案领导小组,确保把这项工作抓细抓好、抓出成效。

组　长:李辉

副组长:陈继辉、程艳

成　员:张峰、杨斌、黄刘洋、各班班主任及学生会干部

(1) 负责“积分卡”评价方案的制订及具体实施;

(2) 负责教师对星级评价的落实;

(3) 负责“积分卡”评价的检查评比。

其次,制订了“积分卡”评价制度的实施指导方案:

徐州市第二十二中学学习者联盟“积分卡”评价实施方案

一、实施目的

“积分卡”制度是我校结合责任教育和学讲计划推行的一种激励方式。让

学生通过小组合作养成良好的学习习惯和行为习惯,评价后获得积分,积分能换相应的礼品,也可以积累更多的“积分卡”,参与学期末的评比,获得更多的奖金。

二、取得“积分卡”的形式

1. 做好人好事者受到表扬的。

2. 参加学校各项活动表现突出者。

3. 学习习惯特别好的。

4. 代表学校参加市各项比赛者。

5. 参加学校各类竞赛获奖者。

6. 获得优秀小组的成员。

7. 受到科任老师特别表扬的。

三、“积分卡”有效期及兑换地址

1.“积分卡”在一学期内长期有效,学生可以积累。

2.“积分卡”不可折叠,须保管好;如丢失,不给予补发。

3.“积分卡”必须以小组为单位兑换,不接受个人兑换。

4. 礼品兑换可到德育处兑换。

5. 学期末按积累的张数评选出优秀小组:

一等奖:2 名　　奖金:500 元

二等奖:3 名　　奖金:300 元

三等奖:5 名　　奖金:200 元

四、“积分卡”发放权说明

1. 凡我校教职工都享有发放“积分卡”的权利。

2. 我校教职工要公平公正,严格遵守发放“积分卡”的要求,不得随意乱发,切实达到激励和教育学生的目的。

五、“积分卡”兑现的基本要求

1. 以小组为单位进行兑换。

2. 必须获得优秀小组。

3. 小组里的成员必须每人获得一张“积分卡”。

六、“积分卡”的回收说明

1. 小组成员违反校规校纪。

2. 学习习惯不认真,受到任课教师的批评。

根据情况没收“积分卡”的数量。

说明：

1. 礼品是小组内每人一份，除足球、篮球、羽毛球、乒乓球外。

2. 学期末按积累的张数评选出优秀小组，是想为激励和刺激学生不断表现，争取积累更多的“积分卡”。

3. 每个老师“积分卡”不能发太多，而且一定要慎重发卡，所以打算每个老师一个月发5张，班主任发10张。

为较早地让学生了解“积分卡”的用意，打算周一早升旗仪式时搞个启动仪式：

1. 悬挂条幅。

2. 升国旗，奏国歌。

3. 国旗下讲话，校长宣读实施方案。

4. 校长宣读第五周的优秀小组名单。

5. 校领导向获得优秀小组的成员颁发“积分卡”。（“积分卡”已做好，见下图）

“积分卡”的样式

徐州市第二十二中学学习者联盟“积分卡”评价的评价细则

一、实施目的

为了落实市教育局“学讲计划”和“责任教育”，全面推进我校课程改革，增强学生团队协作意识、促进共同进步，从而激励学生更积极地参与到德育活动和课堂教学中去，特制定“优秀小组评比考核办法”，每周一评。

二、基本原则

由班主任、科任教师或其他教职工对学生和学习小组进行学习、出勤、纪律、卫生、课间操等方面的考核，以一周为单位进行阶段性评价，每周公布结果。

三、具体办法

（一）教学管理

1. 课堂——科任老师(有科任老师进行教学的课堂)

符合以下要求的科任老师给予小组评分。

(1) 提出有价值的问题加1分。

(2) 课堂展示(回答问题)加分满分为3分,参与1分,回答正确2分,回答完美可给3分;可视问题难易程度、回答学生的层次,予以加分。

(3) 视各小组的学习积极性(包括朗读、思考、参与度等)给予加分,最高分为5分,任课老师可以自行把握。

(4) 科任教师可以根据实际情况,增加或减少评分项目,只要有助于提高学生的学习积极性,提高课堂的效率即可。一节课完成后,班长或课代表对各小组的课堂得分进行统计。

2. 作业完成情况——科任老师(包括导学案、作业、背书、阅读、错题收集本等)

科任教师对发给学生的作业必须进行检查,查出存在问题,扣小组分,如发现抄袭的扣小组3分,没有做的扣2分,没有完成的扣1分。完成质量好的小组可以加分,满分3分。

3. 成绩进步鼓励——班主任

每次月考根据个人分数算出小组平均分,排出名次。第一、二名加10分,第三、四名加6分;第五、六、七名加3分,第八、九名加1分。小组成员平均进步1名的小组加4分,平均进步2名的小组加6分,平均进步3名以上的小组加10分。

（二）教育管理

1. 课堂、早读的管理——科任老师

若课堂出现严重违纪行为,影响到同学学习的,科任老师可以根据情节的严重性给予学生所在的小组扣1～3分。德育处将根据《徐州市第二十二中学学生惩处制度》给予违纪的学生相应的处理。

2. 纪律和出勤 ——班主任、科任老师

早上7:20中午1:50小组内一天有1～2人迟到、早退,扣小组1分;有3人以上的扣小组3分;上课讲话、做小动作、睡觉、吃东西、扔纸条、听音乐、看无关的书、做其他科的作业,每人次扣小组1分;上课起哄、顶撞老师每人次扣小组5分。

3. 卫生习惯的培养——班主任

以小组为单位开展值日，速度快、完成质量好的小组不扣分。预备铃响尚未完成，但完成质量尚好的小组扣1分。如预备铃响尚未完成，完成质量又不好或在这一天保洁工作未做好，被值周老师扣分的小组扣2分。随地乱扔纸屑者，桌椅底下有纸屑、饮料瓶、果皮等或桌椅不齐、桌面摆放凌乱的，所在的组扣1分

4. 其他加分与扣分——班主任、德育处和其他教职工

(1) 做好人好事受到任课教师、德育处或其他教职工表扬的，给学生所在小组加1分。

(2) 如有违反校规，视情节严重扣学生个人所在的小组扣1～5分。

四、统计时间

每周五统计一次。

五、奖励办法

(1) 科任教师可为每周获得本学科最高分的小组发放“积分卡”一张。

(2) 班主任和班委会根据小组的综合得分评选出本班的优秀小组上报德育处。

(3) 周一升旗后德育处在全体学生会上表彰优秀小组并为获得优秀小组的成员发放“积分卡”一张。

六、兑换礼物

小组所得实际“积分卡”可以到学校德育处兑换礼物，也可以积累更多的“积分卡”，参与学期末的评比，获得更多的奖励。

具体标准参照《徐州市第二十二中学学习者联盟“积分卡”兑奖表》兑换相应的礼物，兑换后扣除相应积分，只作期末评优参考。

最后，我们还在方案与细则的指导下，经常性地开展了“积分卡”兑换活动：

徐州市第二十二中学校园“积分卡”兑换活动方案

为了加强学生的竞争意识，使学生感受到“殊荣”的力量，促使学生思想素质的提高，激励学生在今后的学习生活中更加努力、更加规范，也让学校的管

理更加顺手。特举行“积分卡”兑换活动，以此表彰优秀小组、优秀个人。

一、时间

2015年6月20日。

二、地点

一中操场。

三、参加对象

全校所有学生。

四、领导小组

组　长：李辉

副组长：陈继辉、程艳

组　员：郑雷、段绪东、各班班主任

五、活动流程

(1) 学生代表：八(4)班魏竹君发言。

(2) 校领导：李辉副校长讲话。

(3) 分班兑换奖品。

“积分卡”兑换奖品一览表

“积分卡”张数	对应奖品
1～2张	签字笔
3～5张	笔记本
6～10张	青花瓷钢笔
11～15张	双层文具盒
16～20张	金士顿优盘
20～25张	金士顿优盘、双层文具盒
25～30张	金士顿优盘、双层文具盒、青花瓷钢笔

三、校园“积分卡”评价的价值和意义

通过多年来“积分卡”评价的实施，激发了我校学生的上进心，集体荣誉感普遍增强，各个班级管理呈现出前所未有的良好状态。活动的开展，在学校及社会引起强烈反响，我们把“积分卡评价活动”渗透到学生的日常学习和生活的方方面面，使学生的基础文明

道德素养不断提升；用“过关打怪”的游戏思维模式帮助学生解决学习问题，有效促进了学生学习动机的最大化，调动了学生学习的积极性，帮助学生养成良好的学习习惯和思维习惯；结合“基于思想品德学习内容的校本化综合实践活动课程”的实施开展，使得学生在研究和活动中通过亲自经历和亲身实践内化为自觉行动，树立正确的“三观”，潜移默化地实现了从道德认知到道德行为的升华；通过在“学习者联盟”课程组织载体建设中的应用，帮助学生认知自我、合作他人、关心社会，树立了“合作价值观”，培养了同理心，建立了团队意识和归属感。全校以“积分卡”评价为核心的“实效德育”已形成一个良好态势，为未成年学生成长成才打下了坚实的基础。

通过“积分卡”评比制度，加强了学生的竞争意识，促使了学生思想素质的提高。在活动过程中，学生们之间比进步、比差距，用行动缩短差距的劲头更足了，使他们思想受到了教育，提高了能力，增进了友谊，深受学生的欢迎，他们希望有更多的活动开展来获得“积分卡”，让他们的潜能、才智得到充分的发挥，也让学校的管理更加顺手，学校面貌和社会影响有了很大的改观。

以上这些使我们的“积分卡评价活动”得以坚持并将继续不断完善下去，使之进一步加强和改进未成年人思想道德建设和学校课程建设中发挥出应有的作用。

第七章　成效初显

在西方教育史上，课程（curriculum）一词是从拉丁语“currere”一词派生出来的，意为“跑道”。根据这个词源，最常见的课程定义是“学习的进程”（course of study），简称学程。课程就是为不同学生设计的不同轨道，从而引出了一种传统的课程体系；而“currere”一词的动词形式是指“奔跑”，这样理解课程的着眼点就会放在个体认识的独特性和经验的自我建构上，就会得出一种完全不同的课程理论和实践。根据对课程的这一理解，“课程”其实最应该关注的是满足不同学生学习需求和学习过程的经历体验。我们选择思想品德学习与综合实践活动的融合也是基于这种考虑，课程的出发点和落脚点都在于学生在不同的“跑道”上亲自经历“奔跑”的过程，在这一过程中不断发展，茁壮成长。

第一节　学生在课程中快乐成长

经过将近两年的课程实施，二十二中的学生在学校课程育人环境的熏陶之下“移步换景”，潜移默化，水到渠成。

一、良好的行为习惯初步养成，好习惯是改变人生的开始

在课程实施过程中，教师注意培训学生自主学习、合作研究的规则，让学生知晓什么样的行为是正确的，什么样的行为是错误的；在明白事理、明确是非之后，教师训练的重点在平时习惯的养成。每一节课，每一次活动，甚至每一个环节的处理上都及时巡视，时时矫正、辅导，久而久之，对学生的良好学习行为习惯养成起到不可忽视的作用。

比“教书”更重要的是“育人”，在行为习惯的养成方面，我校对学生的基础文明和基本道德教育的重视程度更甚于学业。

通过在“基于思想品德内容的综合实践活动课程”实施和“学习者联盟”课程组织载体建设中的应用，我们帮助学生认知自我、合作他人、关心社会，树立了合作价值观，培养了同理心，建立了团队意识和归属感；加强了学生的竞争意识，使学生感受到了“殊荣”的力量，促使了学生思想素质的提高，在活动过程中，学生们之间比进步、比差距，用行动缩短差距的劲头更足了，使他们思想受到了教育，提高了能力，增进了友谊，这一切让他们的潜能、才智得到充分的发挥，更让他们进一步明白了做人的道理。

为了落实学生行为习惯的养成效果，学校专门制订了系统化的“学生好习惯养成表”，以此为抓手帮助学生由“被动监督”到“自觉主动”，经过长期坚持，养成良好习惯。同时，还向全体学生家长发放了《致家长的一封信》，争取在家长的配合与协助下形成良好的家庭教育氛围，家校共育，做好育人工作。

“养成好习惯，争当好少年”致家长的一封信

尊敬的家长：

你们好！感谢您对学校工作的理解和支持！

英国作家萨克雷说：“播种一种行为，收获一种习惯；播种一种习惯，收获一种性格；播种一种性格，收获一种命运。”

在本学期，我校将把学生良好习惯的培养作为学校进行德育建设的有力切入点，以“好习惯养成表”为主要内容，以习惯的内化与养成为目标，以有利于学生健康成长为目的，从细节抓起，从现在做起，注意点滴积累，切实培养学生良好的习惯。

家庭，是人生的第一课堂，是孩子成长的摇篮。孩子，在这里生活、成长；习惯，在这里养育；教育，从这里开始；情感、是非、好坏、善恶和信念，在这里奠定。做父母的，也许不能给孩子万贯家产，也不能给孩子金山银山，但如果给孩子一个美好的童年，使孩子从小养成一个良好的习惯，就会使孩子多一份自信，就会使孩子多一份享受生活的能力，就会使孩子有一个积极的人生，就会使孩子多一份成功的机会。事实表明，习惯左右了成败，习惯改变人的一生。一句话，成也习惯，败也习惯。

为了共同教育好孩子，学校希望"好习惯养成表"能得到家长的大力支持与配合！请家长了解学生习惯养成教育的内容，统一思想，提高认识，在认识上与教师保持一致，并与学校做好配合，根据表格内容，每天监督学生做好习惯的养成，以取得教育学生的最佳效果。

尊敬的家长，孩子是祖国的未来，是我们共同的希望，愿我们携起手来，齐心协力，让孩子能健康、快乐地成长！

徐州市第二十二中学学生"好习惯"养成表

班级　　　姓名　　　　　年　月　日～　　　年　月　日

思想决定行为，细节养成习惯，习惯决定命运

好习惯成就好前程	星期一	星期二	星期三	星期四	星期五	星期六	星期日
1. 制订适合自己的学习目标和学习计划，并认真执行							
2. 准时上学，不迟到；到校即进班，进班即自习							
3. 上课认真听讲、记笔记，完成老师布置的各项课堂任务							
4. 带齐当天要使用的书本、文具							
5. 独立、认真完成各科家庭作业；按时上交书面作业，完成阅读、背诵等非书面作业							
6. 养成积极思考、主动提问的习惯，利用一切可利用的时间向同学、老师请教							
7. 用好晚上 8～10 点的时间，复习当天所学全部内容，预习明天将要学习的新知识							
8. 管理好自己的时间，控制好自己；学会充分利用"零星时间"和"边角时间"							

续表

9. 专注学习、专注做事；学习时心无旁骛，休息、娱乐时身心放松							
10. 养成良好阅读习惯，每天阅读健康有益的书刊、杂志不少于 30 分钟							
监督人签字：							
好习惯造就好生活							
11. 早睡早起，周末也不睡懒觉							
12. 每天早餐要吃好，蔬菜水果少不了							
13. 注意个人卫生，自己的事情自己做，自己的物品自己收，养成整洁有条理的生活习惯							
14. 帮助家长完成力所能及的家务活							
15. 上好体育课，每天认真参加学校各种体育运动，保持身体健康							
16. 不购买、食用零食，不把零食带到学校							
17. 不沉迷手机、电脑、网络小说、游戏和漫画，不做游戏和社交软件的“奴隶”							
监督人签字：							
好习惯绽放文明花							
18. 集体活动集合“快、静、齐”，不说笑打闹							
19. 主动向师长行礼问好							
20. 与人交往信守诺言，凡事不找借口理由；诚实不说谎，敢于担责任							
21. 学会尊重和倾听他人；任何场合说话控制音量，不打扰别人，集会保持安静							
22. 积极完成卫生值日任务，保持良好卫生习惯，主动打扫、捡拾身边的垃圾							

续表

23. 与异性同学交往大方得体，互相尊重讲文明							
24. 积极参加学校、班级组织的各类活动，为集体增光添彩							
监督人签字：							
好习惯构筑安全线							
25. 不接触、不携带刀具等危险品到学校							
26. 课间、放学不追逐打闹，不做危险动作，不逞能、不“串班”							
27. 走路靠右行，排队一条线，上下楼梯不拥挤、不推搡，集体活动服从老师指挥							
28. 上学、放学路上遵守交通规则，注意交通安全，遵守公共秩序							
29. 放学及时回家，不进网吧、桌球厅、歌舞厅等娱乐场所，不结交社会闲杂人员							
监督人签字：							
能力比知识重要，习惯比能力更重要							

学校还专门召开好习惯养成的主题班会、全体学生会，对养成好习惯的重要意义进行广泛宣传，对养成好习惯的方法给予指导。

二、合作价值观初步树立，合作意识与合作能力逐步提升

随着当今时代的经济社会不断发展，对社会分工与合作水平提出了越来越高的要求。然而现代独生子女家庭教育造成的孩子自我中心意识浓厚，唯我独尊的“小太阳”“小公主”比比皆是，造成了我国受教育者作为未来社会主义的建设者和接班人在“合作”领域的准备严重不足。

因此，我校通过校本化课程实施和“学习者联盟”的课程载体建

设,把培养学生合作意识与合作技能,最终帮助学生树立合作价值观作为一项重要目标。在学习和活动中,教师有目标、有意识地培养学生的合作意识和技能,为学生良好的合作习惯形成创造了条件。经过近两年的要求与训练,学生的团队意识、集体荣誉感和归属感、沟通与交流的能力、书面与口头的表达能力都得到了显著提高。

三、思维能力与学业水平提升

在研究性学习过程中,需要学生不断养成提出问题、探究问题、解决问题的思维方法和习惯。在这一过程中,学生需要找到问题所在,探查问题产生的原因,找到解决问题的策略方法;在主动学习相关学科知识的基础上,自己动手搜集与整理资料,建立相关的知识储备,并学会归纳、整理、提炼、升华;要找到问题所在,提出自己鲜明的观点,还要在一定知识储备的支撑下探寻佐证材料、数据来证明自己的观点。整个研究过程需要学生调动多种学习方法与手段,深入思考,锻炼了思维能力,培养了思维习惯。

与此相得益彰的是,学生思维能力、探究能力得到提升的同时,学习能力、学习方法也“水涨船高”。据徐州市教研室统计,2017 年我校九年级毕业生共 136 人,按照“看起点、比进步”的原则,拿他们的中考成绩和七年级入学成绩做对比发现,共有 125 人的成绩不同程度取得了进步,进步率高达 92%。这一成绩位列全市所有初中学校之首。

四、创新精神与实践能力提高

课题研究、项目学习和社区服务及社会实践带给学生的绝不仅仅是行为习惯的养成、学业水平的提高,更重要的是实践能力的提升和创新精神的培养。

经过近两年的培养,相当数量的学生创新意识明显增强,实践能力得到提高。具体表现在:求知欲增强;勤奋好学的良好班风、学风日益形成;渴求知识,不断探索新知的氛围日渐强烈;好奇心提高，更多的同学表现出对事物的强烈好奇心，对问题的探究欲望，凡事想要多问几个为什么；质疑的意识和习惯正在养成，相当一部分学生养成了主动提出问题，积极反思的习惯；敢于大胆提出问题，探究问题产生的原因，找出解决问题的策略；勇于提出不同的观点和看法，向固有的观点甚至老师的“权威”挑战。综合实践活动课程的开展，有力地改变了我校学生的精神风貌，促使其在志趣动机、思维深度、思维水平、思维方法习惯乃至情感意志等各个方面都发生了显著的变化。

在过去两年徐州市中学生研究性学习成果评比中，我校共获得一等奖 5 项、二等奖 4 项、三等奖 13 项，近 200 名学生在市研究性学习评比中获得奖励。

第二节 教师在课程中的专业素养不断提升

近两年来，由于课程教学改革的不断深化，特别是“基于思想品德学习内容的校本化综合实践活动课程”的实施，使得老师们课程意识不断增强，课程开发与实施能力不断提高，教育教学理念也不断更新，教学方法和手段不断进步。据不完全统计，两年来学校获得省、市青年教师基本功比赛、优质课评比、“一师一优课”评比等教学竞赛一、二等奖教师共计 15 人次，其中江苏省青年教师基本功大赛初中综合实践活动一等奖 1 人、徐州市青年教师基本功大赛初中思想品德一等奖 1 人、徐州市优质课评比初中思想品德一等奖 1 人；在各级教育杂志发表论文或获奖 23 篇；教科研课题从无到有，现立项省级课题 4 个，市级课题 4 个，江苏省教育大数据重点实验室课题 1 个，其中已结题 2 个。

第三节 加强了家长对学校和老师的理解与沟通

通过综合实践活动课程的实施，学生在思想品德和学业水平方面发生的显著变化也深深地感染了家长们。很多家长反映，孩子比以前懂事了，回到家主动承担力所能及的家务，对父母更加理解和关心，学会用同理心与他人相处，学习更加积极主动，不用父母再为学业的事情生气操心了。孩子身上的变化使得家长在感情上拉近了与学校和老师的距离，经常到学校主动与老师沟通孩子情况的家长多了，关心支持学校和老师工作的家长多了，主动配合老师工作的家长多了。越来越多的家长对老师和学校表达了支持、理解和感激之情，不断有家长给老师和学校送来锦旗和感谢信。

2017 届九(4)班的张晗宁和张晗玉是一对双胞胎，她们生活在一个单亲家庭，随着母亲从东北老家来徐州打工生活。距离中考还有两个月的时候，母亲因家里老人生病需要照顾，带着两个孩子回了东北老家，并且费了很大力气把孩子们转到了当地的一所名校。没想到的是，在新学校待了一个星期，一向懂事的孩子们却闹着要转回二十二中。母亲无奈，只好把孩子们送了回来。在老师们的悉心照顾下，孩子们在中考中取得了优秀的成绩，考取了理想的学校。事后，母亲给学校和老师送来锦旗和感谢信，现场就泣不成声。这位母亲在信中说道："徐州的整个教师团队有丰富的教学经验，有专业、敬业、乐业的工作态度，有积极上进、踏实务实的工作风格，有眼光高远格局宽广的办学情怀，这一切都是孩子取得理想成绩的最安全保证。当我的两个孩子在这所学校不断进步并且拿到理想中学校的录取通知书时，证明三年前我们选对了这所学校和这群老师。"

第四节 学校质量的迅速提升和办学特色彰显

学校综合实践活动课程的开设不仅仅给学生带来了综合素质的提高，学生的学业水平和学习能力也在不断提升。这一事实再次打破了一些人孤立、片面看问题的错误观点。某些"功利"教育观和质量观的支持者认为，学校就应该只抓教学、只抓成绩，搞课程和活动就是"花架子"。我们再次用事实证明，用成绩说话，打破了这种狭隘的质量观。学校连续两年中考成绩大幅提升。2016年进步11位，进步幅度位列全市第二；2017年再进5位，进步幅度全市第一；“看起点、比进步”连续两年进步5位，进步幅度全市第一。目前，学校由三年前的全市倒数二三名跃居公办学校前十名。

随着学业质量的提升，学校依托课程建设的特色发展初现端倪。近两年，学校先后通过申报、评比或上级教育主管部门进行资格审查后获得了江苏省初中质量提升工程课程基地、江苏省首批STEM教育项目试点学校、江苏省教育大数据科学与工程重点实验室项目合作学校、徐州市特色发展学校、徐州市中小学创客教育实验学校、徐州市综合实践活动学科基地、徐州市质量检测基地等荣誉，社会的名声和美誉度不断提高。

可以负责任地说，综合实践活动是检验一所学校和一位校长“良心”的课程，也是学生、教师和学校发展的“助推器”。

课程案例

案例1 学生自主运用“问卷星”助力小课题研究

一、背景

“学生自主运用问卷星助力小课题研究”这一案例源于笔者申报的徐州市学校特色发展项目“基于初中思想品德学科内容的综合实践活动课程开发与实施”。该项目基于对初中思想品德课教学和学习现状的反思，思想品德学科课程的内容是教人怎样做人，提升道德素养。道德认知固然重要，但更为关键的是怎样落实到实际行动中去，改善道德行为；同时，在行动实践中亲身经历和体验，才能更加有效、稳固地确立道德认知，改善道德行为。遗憾的是，在中小学思想品德课的教学与学习中，围绕知识本位、教师单向灌输、学生机械记忆等现象还广泛存在。本项目旨在探索一条运用综合实践活动的学习方式，开展研究性学习，引导学生在综合、开放的时空当中，通过亲自实践和亲身体验潜移默化地获取正确的价值判断和价值选择，树立正确“三观”的途径和渠道。通过课题研究和项目学习，既激发了学生强烈的学习动机，提高了学习效果，培养了学生的创新精神和实践能力，也有效促进了教师增强课程意识，提高课程设计和实施的能力，不断改善教学方式。

在课程项目的开发与实施过程中，笔者先从课程内容入手，以初中思想品德七、八年级相关课程内容为研究领域，引导学生组成研究性学习小组，自主选择研究课题，制订研究计划，开展课题研究。研究基本流程如下图所示。

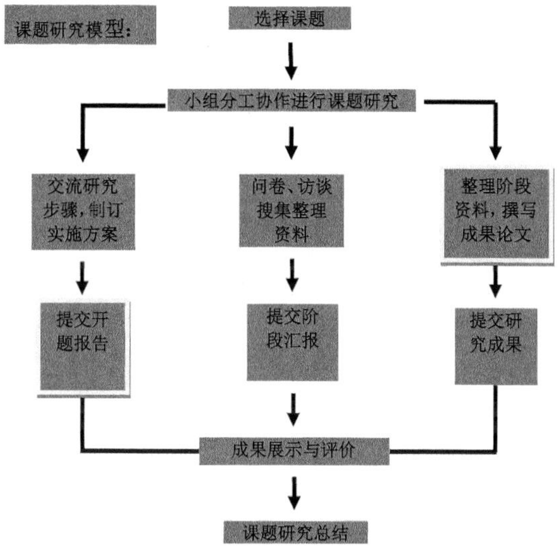

在学生进行课题研究的过程中,教师对研究的方法给予及时、必要的指导。“问卷调查法”就是一种非常重要的研究方法。笔者在对学生进行了“问卷调查法”的指导后,各小组按照自己制订的计划,围绕课题进行进一步研究。其中,七(1)班葛晗同学为组长的小组自主运用“问卷星”平台,开展了“校园环境卫生情况调查”为主题的网络问卷调查,极大地提高了研究效率。于是就有了“学生自主运用问卷星助力小课题研究”这一案例。

二、应用

学生利用“问卷星”制作、使用、统计调查问卷的过程如下:(以下为学生书写)

(1) 网上注册

登录使用问卷星网站,按要求进行注册,QQ注册较方便,于是选择了QQ注册,如下图所示。

(2) 制作问卷

登录后,根据提示创建自己的问卷。问卷题目类型有单选题、多选题、填空题、矩阵题等,可以设必答题、选答题、关联题等,根据自己的需求选择合适

的题目，并根据提示完成，如下图所示。

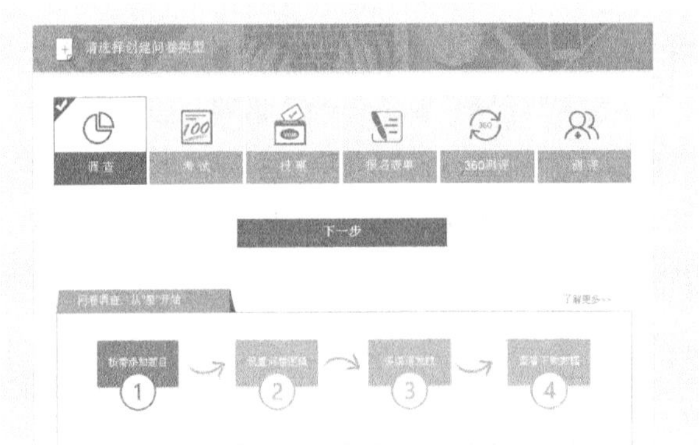

前两题为个人信息且为必答题，但为了了解大家的真实想法，并未要求填写真实姓名。

问卷主体以选择题为主，并且题目有关联性，这是网络问卷的优势。选择题一般有几个猜测的经常会选的选项和一个其他选项，其他选项要求填写，这样数据较科学，了解更加全面。最后为两道问答题为选答题，考虑到同学的耐心情况等因素，所以问答题较少。问答题题目贴合实际，不需要写太多字数，所以收上来结果较好。

整张问卷，填写者需要选择和填写较少，但因为关联题目较多，所以问卷制作人需要出题较多。总的来说，“问卷星”较方便和便捷。

(3) 发布问卷

提交并发布问卷后，可以分享，并会得到一个网址，然后就可以组织同学、老师进行调查问答了。具体方法是：利用社交软件进行发布，将网址复制，发到班级QQ群，方便同学及老师进行填写。为了让同学都看见，于是分享到了QQ空间，这样几乎每个同学都可以看见了。对于老师，则单独给老师分享或发送网址。

(4) 问卷分析

经过一段时间，老师及同学都做完问卷后，就需要对调查结果进行分析。再次登录“问卷星”，找到发布的问卷，查看问卷。“问卷星”已经自动对问卷进行了数据分析，会有若干个统计图，将这些统计图导出到WPS文档，进行个人分析。根据分析结果考虑情况及应对方法。

(5) 得出结论，撰写调查报告

调查时间：2016年4月6日～2016年4月7日

调查地点：一中实验学校校区

调查人：李江涛、董宜衡

调查负责人：陈妍霏

调查对象：本校初一、初二师生(情况及分布)

调查方法：随即抽样调查

调查分工：问卷由葛晗(组长)设计，全体成员讨论确定

文字整理：陈妍霏

校园环境卫生情况调查问卷分析报告

一、问卷调查背景

地球的环境一天比一天差，而我们大家还在继续破坏周围环境：随手乱丢纸屑，用完水龙头不及时关闭，白天开着灯……而学校是我们破坏最严重的地方，因此我们决定研究校园环境卫生(污染)问题并对此问题找出一些解决方法。

二、问卷调查目的

试想，每天生活在纸屑纷飞、垃圾遍地的环境中，我们如何以轻松愉快的心情应对一天的学习？然而，走在校园里，瓜子壳、果皮、纸屑、废弃塑料瓶随处可见；教室里，遗落在课桌上的垃圾比比皆是…… 这一切，都与文明校园

的形象极不相称。既然每个人都渴望拥有一个优雅舒适的环境，那么就不要只图自己“方便”。为了让我校有一个优美整洁的学习生活环境，我小组决定对本校的环境做一次调查，我组对该课题的研究希望可以使每个学生都具有环保意识，也希望我们可以真正做到“校园是我家，环境靠大家”。为了美化我们的校园环境，共建绿色校园，让我们行动起来，将绿色作为我们生活的主旋律，用爱心去关注环境的变化，用热情去传播环保的理念，用行动肩负起环保的重任！

三、问卷发放/回收情况

本次问卷调查面向本校的七、八年级师生，共发放问卷20份，回收问卷19份，其中有效问卷19份。

四、调研结果分析

(1) 此次调查主要以七年级学生为主，见下图。

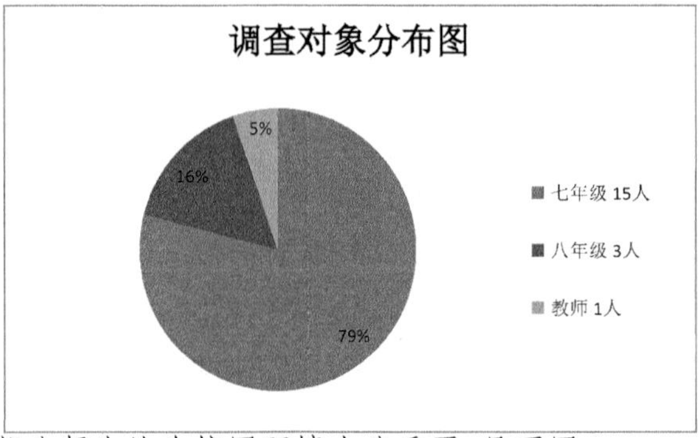

(2) 绝大部分师生认为校园环境十分重要，见下图。

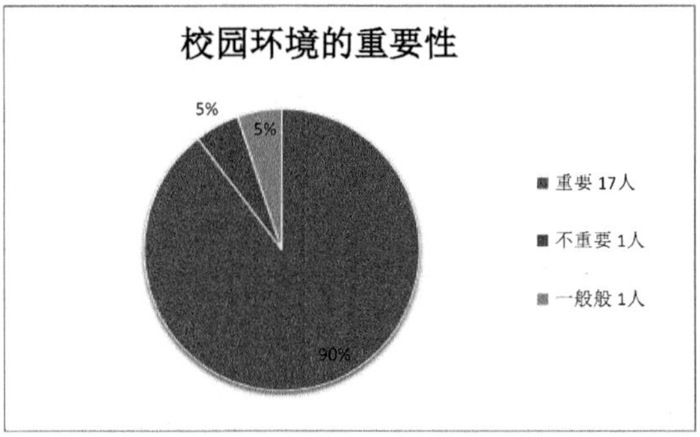

虽然绝大部分师生都认为环境是十分重要的，但在环境保护上仍有许多问题。

(3) 目前卫生间的垃圾污染最为严重，是日后我们在环境保护中最要注意的区域，见下图。

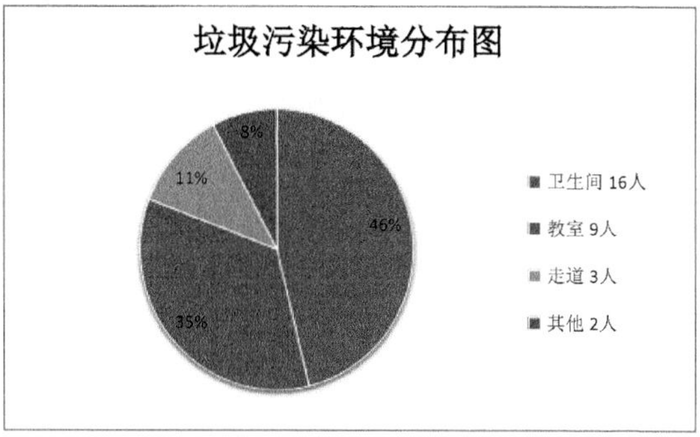

(4) 一部分师生在看到他人破坏环境时能主动并及时制止。部分同学对环境保护的意识还不够，他人乱丢垃圾不一定会出面制止，这也是导致环境越来越差的因素之一，见下图。

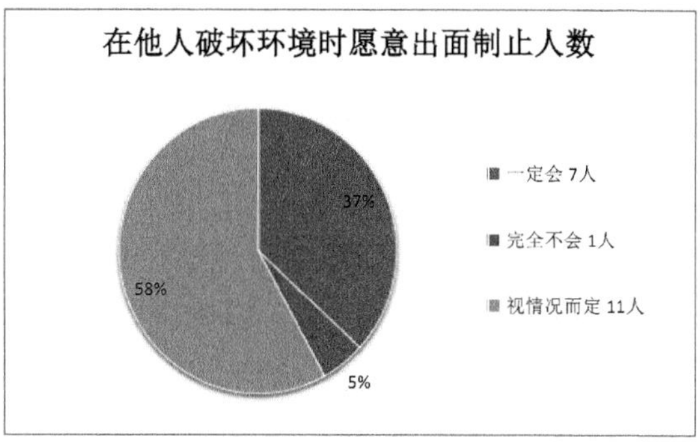

(5) 经调查表明，纸屑是导致环境差的重要原因。了解了破坏环境的重要原因后，在日常生活中我们能更加小心，把垃圾产生量减到最少，见下图。

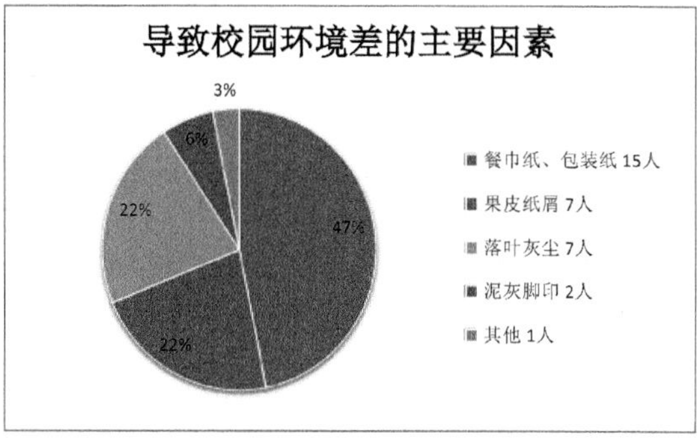

(6) 如何保持良好的校园环境。经统计和讨论，最有效的方法是“师生自觉不破坏校园环境”，与其人工的清洁，不如一开始就不破坏环境，能够更有效地保持良好的环境，见下图。

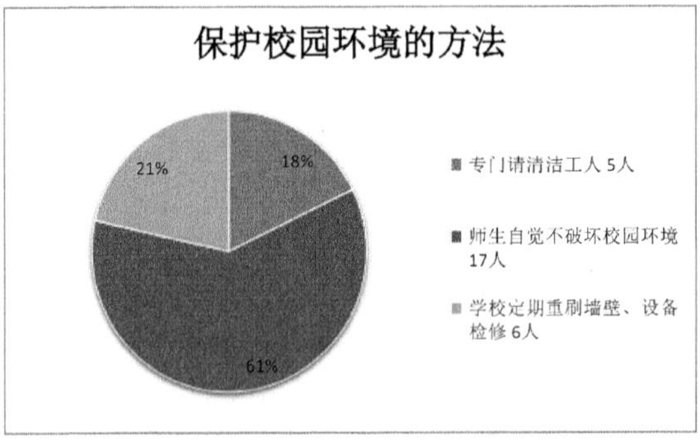

(7) 怎样提高大家对校园环境的重视。在大家提出的建议里，更为有效的还是靠自觉，每个人都有了保护环境的意识后就会大大减少对环境的污染。在平时，老师的教育和同学的影响也是因素之一，见下图。

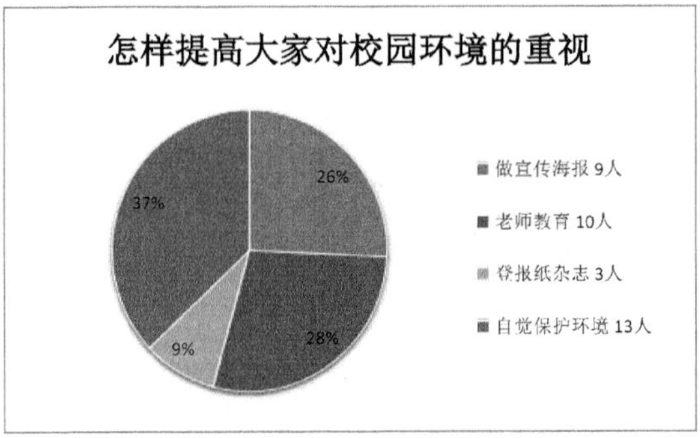

(8) 保护环境我们应养成哪些好习惯。在日常生活中不随手乱扔垃圾，不为自己所谓的“方便”而破坏环境，久而久之，校园的环境就会大幅提升，见下图。

五、保护环境小妙招

(1) 小组里可以放一个小纸篓，以便放置垃圾。

(2) 不在校园里食用零食。

(3) 本子背面的纸也可以使用，减少纸张的浪费。

(4) 看到没拧上的水龙头主动拧上，不造成水资源浪费。

学校是我家，我们人人都有责任去保护“她”，在日后的校园生活中，希望

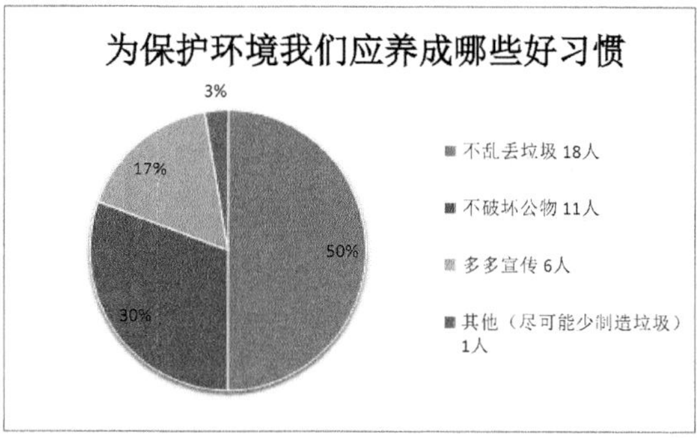

广大师生都能够对校园的环境卫生足够重视，用行动去保护我校的环境卫生。

三、反思

信息化手段在教育教学中的巧妙运用特别是在学生自主学习中的主动应用对学生学习起到助力作用。

(1) 学生总结到：使用“问卷星”进行问卷调查操作较方便，同学以前做过网络问卷，所以知道怎么做。关联题目好做，传统的调查问卷做关联题目需要同学自己找，“问卷星”不需要。这显示在网络环境下进行自主学习、自主研究具有方便快捷、提高效率的效果。

(2) 学生进一步反思“由于是网络问卷，所以节省纸张，保护环境”。体现出网络问卷调查具有节省纸张、节约资源的优点。

(3) 在问卷调查过程中也存在个别同学家里没有电脑，所以无法填写。有些同学不关注网络，未对问卷进行回答等方面的问题。这显示使用“问卷星”进行调查，必须置于网络环境下，受到一定的硬件限制。

总之，“00后”的学生作为网络信息时代的“原住民”，在学习过程中主动思考，运用信息化手段解决问题，提高研究效率。这一现象本身就是非常可喜并值得大力提倡的。

四、拓展

目前，我校的综合实践活动课程开发与实施的实践方兴未艾，课程内容也从单一思想品德学科向多学科拓展，我们在课题研究这一研究性学习方式的研究和探索还将继续深入下去。基于发现的这一案例，我们请相关学生现身说法，对其他学生进行指导，扩大使用“问卷星”进行调查研究的领域和范围。

注：该案例中的课题《学校环境保护情况调查》获得江苏省徐州市 2016 年度中学生课题研究比赛一等奖。

案例 2　中学生与理财

一、什么是理财

理财，指的是对财务（财产和债务）进行管理，以实现财产的保值、增值为目的。

二、怎样理财

(1) 确定理财目标。

(2) 制订理财计划。

(3) 确定投资项目。

(4) 掌握消息来源。

(5) 分散投资领域。

(6) 限定投资期限。

(7) 选择另类投资。

三、理财的好处

(1) 理财有助于我们获取财富。

(2) 理财有助于我们保有财富。

(3) 理财有助于我们获得更加有品质的生活，实现人生的理想。

四、关于初中生理财情况的调查

(一) 初中生理财情况调查问卷

在生活中每个人都以钱币来购买物品，也可以说钱币是我们日常生活中不可缺少的。我们小组正在研究一项关于初中生怎样理财的课题，旨在了解初中生对于理财的认知程度，希望得到你的合作。在相应选项前大“√”即可（如未作特别说明，即为单选），谢谢您的合作！

1. 您的年级

A. 七年级　　B. 八年级　　C. 九年级

2. 您的性别

A. 男　　B. 女

3. 您每个月的零花钱

A. 没有　　B. 0～10 元　　C. 11～20 元　D. 20 元以上

4. 您一般用零花钱买些什么(可多选)

A. 文具用品　B. 零食小吃　C. 书籍　　D. 首饰品　　E. 其他

5. 您知道什么是理财吗?(第 7,8 题可不做)

A. 知道　　B 不知道

6. 您平常的压岁钱交给父母吗?

A. 是　　B. 否

7. 您平常理财吗?

A. 是　　B. 否

8. 您都是怎样理财的?

(谢谢您对本次调查的支持)

(二) 调查报告

1. 九年级调查情况

	零花钱	是否知道理财	压岁钱是交给父母还是留给自己	平常理不理财
男生	20元	都知道	½给父母	不理财
女生	14元	2/5知道	4/5给父母	1/5理财

2. 八年级调查情况

	零花钱	是否知道理财	压岁钱给父母还是留给自己	平常理不理财
男生	15元	都知道	都交给父母	都理财
女生	17.75元	¾知道	½交给父母	¼理财

3. 七年级调查情况

4. 调查结论

(1) 男生每个月的零花钱是逐渐上升,而女生保持在同一个区域内。

(2) 男生年龄越高越懂得理财,但却很少付出行动;而女生却有些忽视了

	零花钱	是否知道理财	压岁钱是交给父母还是留给自己	平常理不理财
男生	13.875元	3/8知道	5/8交给父母	½理财
女生	16.5元	9/14知道	½交给父母	3/14理财

这一点，但依旧保持理财的习惯。

(3) 男女生大部分的零花钱交给父母保管。

注：该案例中的课题《初中生理财情况调查研究》获得江苏省徐州市2016年中学生课题评比一等奖。

案例3　中学生如何与他人交往

第一组

组　长：邱鑫兰

组　员：邱鑫兰、王薇、兰晨雨、满嘉兴、王高原、李浩宇、刘津铭

中学生正处于叛逆期，家长绝对不能硬碰硬，在交往过程中，应该以理服人，这样孩子才会更听话，而如果是同龄人，交往之间应该记住“谦让”这个词，互相退让一步，则一切就都会海阔天空了。总之，中学生交往过程中应该更多的是宽容，无论是长辈之间还是同学朋友之间，都应该各退一步，家长平时要多找孩子谈谈，只有这样才能打开孩子的心扉。

研究性学习课题开题报告表

选题方向	初中生的人际交流	课题名称	初中生如何与他人交往	导师	万众
小组成员	邱鑫兰、王薇、兰晨雨、满嘉兴 王高原、李浩宇、刘津铭	组长	邱鑫兰	班级	七(五)班
研究背景(课题是如何提出来的) 我们作为初中生，从自身的角度出发，想找一个贴近我们生活的课题，然后可以调查初中生与他人交往时是怎样的一种状态与方法。					

续表

选题方向	初中生的人际交流	课题名称	初中生如何与他人交往	导师	万众

课题的目的与意义

目的：初中生与他人交往时的做法、习惯和心理，好则加冕，坏则改之。

意义：初中生学会更好地与他人交往，用正确的方法来与每一个人交往。

研究内容

我们调查初中生与他人交往时的方法与状态，看看我们现阶段的初中生该如何与他人交往，与他人交往时应做到哪些事情，不该做哪些事情，与他人发生矛盾时该怎样解决，还有在处理与他人的一些事情时的一些做法。

研究相关课程	

研究分工

邱鑫兰负责做调查问卷与整理所需资料，并且最后统一整理起来；

兰晨雨和刘津铭负责访问现阶段的初中生；

满嘉兴负责记录采访时的一些内容；

王高原和李浩宇负责整理调查问卷的内容；

王薇负责协助所有人。

研究性学习课题研究计划

选题方向	初中生的人际交流	课题名称	初中生如何与他人交往	导师	万众
小组成员	邱鑫兰、王薇、兰晨雨、满嘉兴 王高原、李浩宇、刘津铭	组长	邱鑫兰	班级	七（五）班

研究方法与步骤	
1. 资料收集阶段	已完成
2. 实践调查阶段	已完成
3. 整理讨论阶段	有待改进

研究所需条件

预期成果（论文、调研报告、制作模型、实验报告等）

续表

选题方向	初中生的人际交流	课题名称	初中生如何与他人交往	导师	万众
表达形式(文字、图片、实物、视频资料、软件等) 以 PPT 的形式展现给大家					

时间安排:预计需　　　周时间完成			
开题时间	2016 年 3 月 30 日	结题时间	2016 年 4 月 20 日
具体安排	第 1 周～第 2 周	制作调查问卷并且收好,去访问初中生	
	第 2 周～第 3 周	统计调查问卷,课题总结	
	最后一天	整理,统一归纳	

“初中生如何与他人相处”调查问卷

1. 你的年级

初一　　　初二　　　初三

2. 性别

女　　　男

3. 你和朋友约好去看电影,结果因为朋友迟到,导致你没有看到精彩片头,这时你会

(　　)很生气,责备朋友

(　　)很生气,但不会当场与朋友发生矛盾,但这件事会记在心里

(　　)开始很生气,但之后想想自己有时候也会有做得不好的地方,就原谅朋友

(　　)不生气,无所谓

(　　)根本不会等迟到的朋友,时间一到就先行进去看电影

4. 你和朋友商量何时去何地游玩,如果意见不一致,你会怎么做?

(　　)劝说朋友听从我的意见

(　　)我听从朋友的意见

(　　)和朋友都坚持己见,讨论不出结果

(　　)抓阄决定

5. 你认为班级中同学之间有无"帮派"?

(　　)有

(　　)没有

6. 你与朋友争论得面红耳赤时,你会怎么做?

(　　)无所谓,就听朋友的

(　　)各执己见,争执不下

(　　)一定要找出自己是对的、对方是错的证据

7. 老师布置给你一个任务,并说明如果单独完成就能获得10分,但也可以选择和另一名同学共同完成,但只能获得3分,单独完成可能要花费2个小时,而与同学共同完成可能只需要40分钟,这时你会选择

(　　)独自完成

(　　)与同学共同完成

(　　)先尝试独自完成,实在完成不了再寻求同学的帮助

8. 遇到新同学时,你会

(　　)紧张

(　　)热情

(　　)展现出好的一面

(　　)无所谓

9. 如果你和你的好朋友竞争一个优秀学生名额,如果最终你的好朋友获胜,你会

(　　)真心地为朋友感到高兴

(　　)心里有些难过,但过几天后还是会为朋友高兴

(　　)不太高兴,感觉获奖的应该是自己

(　　)不太高兴,感觉面子上挂不住

调查结论:

所谓人际关系,是指人们在各种具体的社会领域中,通过人与人之间的交往建立起心理上的联系,它反映在群体活动中,人们相互之间的情感距离和亲密的人际关系都属于良好的人际关系,对于一个人的工作、生活和学习是有益的;相反,不和谐、紧张、消极、敌对的人际关系则是不良的人际关系,对一个的工作、生活和学习是有害的。社会心理学的调查研究表明,良好的人际关系是

一个人心理正常发展、个性保持健康和生活具有幸福感的重要条件之一。

美国著名教育家戴尔·卡耐基经过大量的研究发现:“一个人事业上的成功,只有百分之十是由于他的专业,百分之八十要靠人际关系、处世技巧。”此话也许说得绝对些,但也从另一侧面说明良好人际关系对成就事业的重要性。所以学生要学会建立良好人际关系的方法,掌握其途径,无论是对在校建立起一个良好的学习环境,还是对毕业后建立一个良好的工作环境,都是十分必要的。

第一,建立良好的第一印象。人际关系是在人们的交往中产生的。交往伊始,谁不想给对方留下一份美好的印象呢?同样,谁不想与留下好印象的人继续往来,以此作为深入交往的基础?我们在与别人发生最初交往时,应该怎样表现才能使自己给别人留下良好的第一印象呢?

首先,要注意仪表美。人的仪表包括相貌、穿着、仪态、风度等,都是影响人际交往的因素。人们总是倾向于觉得仪表有魅力的人更活泼愉快、更友善合群。衣着整洁、大方,仪表举止自然会给人一种亲近感;反之,过分修饰,油头粉面,浓妆艳抹,则会给人一种不合宜的印象。

其次,要注意交往中的“SOLER”技术。在这里,S(SIT)代表“坐要面对别人”;O(OPEN)表示“姿势要自然开放”;L(LEAN)的意思为“身体微微前倾”;E(EYES)代表“目光接触”;R(RELXX)表示“放松”。心理学家发现,在社交场合,有意识地运用“SOLER”技术,可以有效地增加给别人的好感,让别人更好地接纳,给人留下良好的第一印象。

再次,待人要真诚热情。一般情况下,交往双方总是先接受说话的人,然后才会接受对方陈述的内容。因此,对人讲话时,态度应该诚恳,要避免油腔滑调,高谈阔论,哗众取宠,垄断话题,否则会使人感到不愉快。实事求是,态度热情,往往给人一种信赖感、亲近感,这有利于交往的继续深入;反之,如果言不由衷,转弯抹角,态度冷淡,则给人一种虚假、冷淡的感觉,交往很难再深入下去。

另外,做一个忠实的听众。每个人都需要有自我表现的机会。在初次交往中,有效地表现自己固然重要,但做一个耐心的听众,鼓励别人多谈他们自己,同样是不可少的。

当然,要给别人留下良好的第一印象,还受其他许多因素的影响。比如,讲信用、守时间、文明礼貌等。

第二，主动交往。在现实生活中，有许多人尽管与人交往的欲望很强烈，但仍然不得不常常忍受孤独的折磨，他们的友人很少，甚至没有友人，因为他们在社交上总是采取消极的、被动的退缩方式，总是等待别人来首先接纳他们。因此，虽然他们同样处于一个人来人往、熙熙攘攘的世界，却仍然无法摆脱心灵的孤寂。要知道，别人是不会无缘无故对我们感兴趣的。因此，我们要想赢得别人，同别人建立良好的人际关系，建立起一个丰富的人际关系世界，就必须做交往的始动者，处于主动地位。我们就应少担心、多尝试。当你主动与陌生人打招呼、攀谈时；当你在舞会上想去邀请舞伴时，你会发现你的努力几乎都是成功的。

第三，关心帮助别人。患难识知己，逆境见真情。当一个人遇到坎坷、碰到困难、遭到失败时，往往对人情世态最为敏感，最需要关怀和帮助，这时哪怕是一个笑脸、一个体贴的眼神、一句温暖的话语，都能让人感到振奋。因此，陷入困境时，你能伸出援助之手，帮助困难者，安慰失意者，可以很快赢得别人，建立起良好的人际关系。如果对别人漠不关心，麻木不仁，小心吝啬，怕招引麻烦，交往很可能因此而中止 。

中学生怎么做到平等待人，尊重他人，文明交往呢？

1. 不讲别人的是非，因为说是非者，必是是非之人。

2. 可以适当说别人的好话，不用担心没有人听到。

3. 不要吹牛，当朋友有事情来求你的时候，那你该怎么样呢？

4. 如果不是很漂亮，也没有什么气质，那么微笑是你最好的朋友。

5. 尊重你身边的每一个人，包括门卫和扫地大妈，等等。

6. 有时候不用高谈阔论，多些聆听，少说话。

7. 要有礼貌，礼让，这是表现你良好修养的基本条件之一。

8. 换位思考，站在别人的立场去想每一个问题。

9. 做什么事情都好，抱着学习的心态，这样会使你事半功倍。

10. 不用什么时候都以“我”来做主语。

11. 不要埋怨，多请教，不用太过张扬自己的个性，不狂妄。

12. 可以相信，但是不可以依赖。

13. 用心去对待、用心去珍惜你身边的每一个人。

14. 不用太过于斤斤计较，有时候吃亏就是占便宜。

15. 做人有原则是对的，但是原则是给你灵活运用的。

研究性学习课题结题报告表

选题方向	初中生的人际交流	课题名称	初中生如何与他人交往	导师	万众
小组成员	邱鑫兰、王薇、兰晨雨、满嘉兴 王高原、李浩宇、刘津铭	组长	邱鑫兰	班级	七(五)班
研究主要过程和活动	访问初中生,做调查问卷				
本研究的特点	更好地了解初中生与他人的交往				
研究获得的材料(名称)	调查问卷				
研究结果分析	初中生现处于青春期,对于处理某些与他人交往的事情上往往有许多问题和疑问				
成果形式	以 PPT 的形式展现给大家				
待解决问题各成员发挥的作用	邱鑫兰负责做调查问卷与整理所需资料,并且最后统一整理起来; 兰晨雨和刘津铭负责访问现阶段的初中生; 满嘉兴负责记录采访时的一些内容; 王高原和李浩宇负责整理调查问卷的内容; 王薇负责协助所有人				
附件说明 (论文、调查报告、实证材料等)	有调查问卷和访问材料为证				

注:该案例中的课题《中学生如何与他人交往》获得江苏省徐州市 2016 年度中学生课题研究比赛一等奖。

案例 4　对中学生“追星”现象的调查

这一案例中的研究性学习是由七(2)班第一“学习者联盟”完成的。组长:李梦涵;成员:许铭珂、郑鸣远、王娇蓉、潘琪、李海涵、王秋扬、丁昊辰。以下是他们的研究过程:

研究性学习课题开题报告表

选题方向	关于中学生追星的调查	课题名称	关于中学生追星的调查	导师	万众
小组成员	许铭珂、郑鸣远、王娇蓉、潘琪 李海涵、王秋扬、丁昊辰	组长	李梦涵	班级	七(2)班

研究背景(课题是如何提出来的)

现代社会,无论是男女老少,都有不少人关注娱乐圈,甚至崇拜明星或形成追星团队,我们组针对初中生开展了追星调查

课题的目的与意义

正确认识中学生追星问题,让大家都知道中学生追星的利弊

研究内容

中学生追星问题

研究相关课程	思想品德

研究分工

资料管理、分析整理:李海涵,王娇蓉

校内调查、采访:李梦涵,王秋扬

电脑编辑:郑鸣远,潘琪

问卷分析、统计并得出结论:许铭珂,丁昊辰

研究性学习课题研究计划

选题方向	关于中学生追星的调查	课题名称	关于中学生追星的调查	导师	万众
小组成员	许铭珂、郑鸣远、王娇蓉、潘琪 李海涵、王秋扬、丁昊辰	组长	李梦涵	班级	七(2)班

研究方法与步骤	
1. 资料收集阶段	计划使用方法:问卷调查、周边人群采访、资料收集、结果汇总
2. 实践调查阶段	计划采访人员:校内中学生(抽样调查)
3. 整理讨论阶段	计划活动场地:校内

研究所需条件

20名同学、摄像机、笔、笔记本、手机等

预期成果(论文、调研报告、制作模型、实验报告等)

PPT,结题报告

表达形式(文字、图片、实物、视频资料、软件等)

文字

续表

选题方向	关于中学生追星的调查	课题名称	关于中学生追星的调查	导师	万众
时间安排：预计需9周时间完成					
开题时间	2017年3月15日	结题时间		2017年6月1日	
具体安排	两周	查找图书、报刊、网络			
	一周	小组讨论交流			
	两周	问卷调查			
	一周	分析整理调查结果、小组分工合作			
	两周	成果汇总、小组合作			
	一周	制作PPT等			

研究性学习资料查阅记录表

选题方向	关于中学生追星的调查	课题名称	关于中学生追星的调查	导师	万众
小组成员	许铭珂、郑鸣远、王娇蓉、潘琪 李海涵、王秋扬、丁昊辰	组长	李梦涵	班级	七(2)班
查阅方式(图书馆、报刊、书籍、杂志、网络等) 报刊、书籍、杂志、网络					
记录内容		出处(书名、页码、网址等)			
追星的好处		http://wenda.so.com/q/1367561758062410? src=130			
追星的坏处		http://wenda.so.com/q/1363752928061519? src=150			
追星时要注意什么		http://wenda.so.com/q/1362694707062859? src=140			
追星是一种什么心理		http://wenda.so.com/q/1470416327728948? src=140			
追星作文		http://www.unjs.com/zuowen/zhongxuesheng/20120504133219_810152.html			
追星的利与弊辩论赛		http://wenda.so.com/q/1365646143069334? src=130			
辩论视频		http://v.ku6.com/show/3FyavU8shSL1_w-zx9UKZg...html			
记录者	李梦涵	记录时间		2017年5月9日	

“追星现象的研究调查”文献研究报告

一、追星的概念

我国“追星”一词来源于红极一时的小虎队。

1989年小虎队开始巡回演出，当他们从台北巡演到高雄时，疯狂的粉丝们成群结队地骑着自行车一路追踪，大呼其名，这种跟在明星后面追明星的现象被当时的报纸称为“追星”。也正是从那时起人们开始用“追星”一词来形容粉丝对明星的崇拜行为。

追星，在当今社会是一种很普遍的现象，“追星族”这个名词也随即出现，尤其是青少年，他们似乎是追星的“易感”人群，在因某个明星而尖叫的人群中，我们看到的更多的往往是那些稚气未脱的学生们的脸。这种现象实在是不能不使人担忧，当然全盘否定未免过于偏激，但追星的害处也同样是有目共睹的。

女生较多崇拜男明星，男生较多崇拜女明星。某重点校对全校900名学生做问卷调查，“你最崇拜谁”的问题，86%的学生填写崇拜的是影视歌星。

二、追星的利弊

追星有利有弊，追星可以让一个人拥有崇拜的对象，并朝他们成功的方向发展，努力追求属于自己的成功未来。但是也有可能因此耽误学习，浪费钱财。

（一）追星之利

(1) 追星有利于树立远大目标。

(2) 追星有利于向自己偶像学习，有动力。

(3) 追星有利于培养自身兴趣。

（二）追星之弊

(1) 追星导致盲目崇拜。

(2) 追星导致把全部心思花在了偶像身上，学习成绩一直呈下降趋势。

三、追星注意事项

(1) 不盲目追星。你所崇拜的应该是真正值得你崇拜的，该不是徒有其表，更应该有高尚的人品和超凡的气度；应该不仅仅吸引你的目光，更应该能震撼你的心灵。

(2) 不疯狂追星。不要花太多的时间在追星上。因为，学习是最主要的。

想想看：一个没有文化的人，明星会喜欢你吗？

(3) 善于从自己所崇拜的偶像身上吸取积极的人生经验。

(4) 在追星的同时，也要关心身边的人，爸爸妈妈，爷爷奶奶，因为他们为你付出了那么多。

(5) 摆正自己与明星的关系，明星有他的工作，需要有人支持，但支持并不是你的工作，你还有你的生活。

(6) 总之，不要在追星中失去你自己，因为你最终只能成为你自己。

四、中学生的独特心理

(1) 慕拜心理。中学生们所追的星，大多十分出名，难免让正处在青春期的少男少女们羡慕、迷恋、崇拜甚至疯狂。

(2) 从众心理。在中学生中，追星现象很普遍，势力也很大，以致本来没多大心情追星的同学，为了不被看作"落伍"，不被视为"异端"，也自觉不自觉地入了流。

(3) 时尚心理。追星，在不少中学生看来，就是件时髦的事，至于有没有道理、有没有价值，何必管它那么多？只要有"星"可"追"就足够了。

五、文献研究小结

过分或盲目地"追星"，会影响到我们的学习。但是如果你能适当地调节时间，"追星"也算得上是个不错的爱好。因为在"追星"的过程中，你会对那些明星产生敬慕，从而会不由自主地去学习他们身上的优点，如他们敬业爱业的精神以及刻苦奋斗的优秀品质。总之一句话，"追星"有利也有弊，关键是要看你怎样适当地分配和安排时间。追星应该要取其精华、弃其糟粕，要正确追星，树立健康、高尚的情感、态度、价值观。

在老师的指导下，我们掌握了"问卷调查法"，制作了课题研究调查问卷并发放问卷、回收统计，形成调查报告。与此同时，我们还运用"采访法"走出班级、走出校园实地访谈。

研究性学习社会调查报告表

选题方向	关于中学生追星的调查	课题名称	关于中学生追星的调查	导师	万众
小组成员	许铭珂、郑鸣远、王娇蓉、潘琪 李海涵、王秋扬、丁昊辰	组长	李梦涵	班级	七(2)班

续表

选题方向	关于中学生追星的调查	课题名称	关于中学生追星的调查	导师	万众
调查者姓名	七(1)班20人				
调查时间	5月24日	调查地点	校内		
调查方式(访谈、问卷、活动等) 问卷					
调查对象(个人、团体、姓名、所属单位、人数等) 个人					
调查内容提要 4. 如果某一天,您家附近有你喜欢的明星的粉丝见面会,但您当天作业繁重时,你会 ○ 做完作业后再去 ○ 不管其他先去 ○ 其他 5. 您喜欢明星的原因是(可多选) ○ 外貌 ○ 性格 ○ 作品 ○ 成就 ○ 其他 6. 您能够脱口而出的生日(可多选) ○ 你爸爸的 ○ 你妈妈的 ○ 你兄弟姐妹的 ○ 你最喜欢的明星的 ○ 其他 7. 您能从明星身上学到什么(可多选) ○ 优秀品质 ○ 过人特长 ○ 什么也没学到 ○ 其他					
调查结果与分析 4. 做完作业后去55%先去25%其他20% 5. 外貌65%性格80%作品60%成就60%其他45% 6. 爸爸60%妈妈85%兄弟姐妹35% 其他35%明星60% 7. 优秀品质85%过人特长60%没学0%其他35%					
说明	访谈需附上访谈内容提纲;问卷需附上问卷样表				

课题总结:

追星是把双刃剑,我们不能片面地从一个方面评定它的好与坏,我们要正确地把握好自己,不能让不好的一面伤害自己,误导自身。在当今与时俱进的多元化社会,需要的是多方面发展的人才,我们应该努力提升自己的人文精神和科学精神,懂得欣赏真正的艺术,而不是盲目地崇拜、依恋。把握正确的人生观、拥有正确的审美观,才是我们应该做到的。

研究性学习课题结题报告表

<table>
<tr><td>选题方向</td><td>关于中学生追星的调查</td><td>课题名称</td><td>关于中学生追星的调查</td><td>导师</td><td>万众</td></tr>
<tr><td>小组成员</td><td>许铭珂、郑鸣远、王娇蓉、潘琪
李海涵、王秋扬、丁昊辰</td><td>组长</td><td>李梦涵</td><td>班级</td><td>七(2)班</td></tr>
<tr><td colspan="2">研究主要过程和活动</td><td colspan="4">正确认识中学生追星问题,让大家都知道中学生追星的利弊</td></tr>
<tr><td colspan="2">本研究的特点</td><td colspan="4">所有内容真实有效</td></tr>
<tr><td colspan="2">研究获得的材料(名称)</td><td colspan="4">追星的切实意义</td></tr>
<tr><td colspan="2">研究结果分析</td><td colspan="4">不能盲目追星</td></tr>
<tr><td colspan="2">成果形式</td><td colspan="4">PPT,文字</td></tr>
<tr><td colspan="2">待解决问题</td><td colspan="4">无</td></tr>
<tr><td colspan="2">成员发挥的作用</td><td colspan="4">资料管理、分析整理:李海涵,王娇蓉
校内调查、采访:李梦涵,王秋扬
电脑编辑:郑鸣远,潘琪
问卷分析、统计并得出结论:许铭珂,丁昊辰</td></tr>
</table>

注:该案例中的课题《初中生"追星"现象的调查研究》获得 2017 年江苏省徐州市中学生研究性学习评比一等奖。

后　记

“基于初中思想品德学习内容的综合实践活动课程”实施一年多来，学生、教师、学校都受益良多。2017年年初，我们经过审慎考虑，申报了江苏省教学成果奖(基础教育类)。经过省教育厅精心组织、认真评选，获得了二等奖。这一荣誉的获得，对我们的课程开发与实施无疑是一种强劲的鼓励，更加坚定了我们沿着“综合实践活动”之路走下去的信心。我们规划的线路图是：先从思想品德一门学科入手，循序渐进，以点带面，逐渐将综合实践活动的学习方式乃至生活方式辐射到其他学科的学习与德育教育活动中去。这样做既考虑到了学生的身心发展规律，也顾及了教师的常规工作负担和课程开发能力。我们编写本书的初衷，正是对前一阶段思想品德与综合实践活动融合的课程实践的阶段性总结，更是下一阶段在全学科落实综合实践活动学习方式的基础和开端。参与本书资料整理和编写的还有徐州市鼓楼区文教体局刘文琪及徐州市二十二中学欧颖、江颖颖。

2017年4月，我们经过认真准备，精心细致地规划了学校课程顶层设计，决定以“指向学生核心素养的校本化综合实践活动课程”作为内容申报了“江苏省2017年初中质量提升工程”课程项目。通过答辩，我们在全省50所申报学校中脱颖而出，以全省第一的成绩获得立项。在准备过程中，我校先后获得了江苏省教研室万伟博士，省教科院基础教育研究所徐兆兰教授，徐州市教育局基础教育处李进强处长、刘勇主任、吴庆军主任，徐州市教研室陆荣主任等领导和专家的悉心指导。目前，综合实践活动课程在我校正如火如荼地进行着。随着更多学科教师的参与指导，学生的研究领域不断扩大，研究方法不断拓展，研究能力与水平也在不断提高。

尽管在课程开发与实施过程中还有一些困难和问题，但我们坚定地相信，有着这么多专家的关心和支持，有着全校上下的齐心协力，凭借二十二中人的智慧和毅力，一定能把综合实践活动课程这颗“种子”精心呵护好，使之在这片沃土上生根、发芽、开花、结果。也一定能够实现我们的办学理想——办好一所校园温馨和谐、教师敬业乐教、学生好学向上、生命健康成长、人人倍感幸福的美好学校！